Tedesco ricerca di parole

Ricerca di parole bilingue dall'italiano al tedesco

Contenuto

Pubblicato nel 2024 da Dialog Abroad Books

0921 002
2 4 6 8 10 9 7 5 3
ISBN 9783985522743

RICERCA DI PAROLE

Trova la traduzione in tedesco delle parole elencate in italiano.

Le parole possono essere nascoste in orizzontale, verticale o diagonale, sia in avanti che all'indietro.

Quando trovi una parola in tedesco, cerchia le lettere per evidenziarla.

Per esempio: **UNO, DUE, TRE**

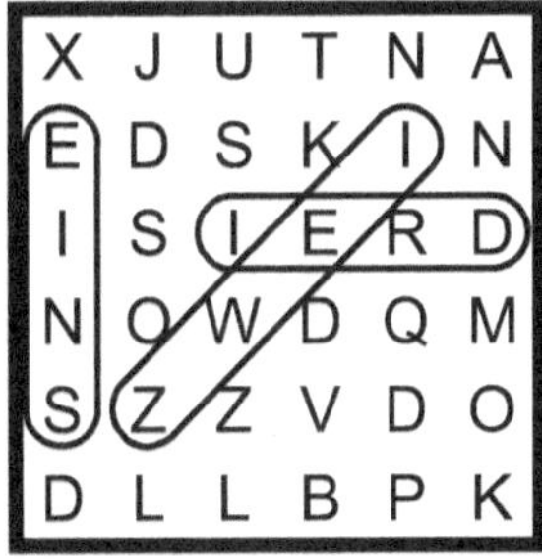

Le soluzioni sono riportate in fondo al libro.

Divertiti e goditi l'esercizio per arricchire il tuo vocabolario in tedesco!

1

N	E	F	L	E	H	E	A	F	G	B	Z	N	J	L	F	S	J	N	G
Q	G	B	P	J	Y	H	C	S	L	A	F	W	E	U	N	R	X	J	H
M	W	N	U	D	P	G	J	Z	Z	D	G	A	P	G	U	P	E	Y	T
I	U	V	D	E	N	D	P	A	K	W	T	Y	I	F	E	C	B	A	D
P	K	B	O	D	D	E	I	C	Y	M	L	T	L	M	E	G	Q	L	L
M	Z	Q	Q	A	P	R	G	X	W	D	Y	E	N	V	D	W	C	F	B
O	U	F	T	R	J	A	W	I	B	Y	G	B	E	C	H	L	X	Y	P
C	D	T	O	E	Q	L	K	T	P	L	T	T	S	I	X	B	X	C	T
E	I	M	N	G	V	A	V	Y	D	B	S	D	M	N	D	Z	P	B	F
I	E	K	E	F	R	R	S	Z	Q	R	L	B	G	I	A	S	D	O	A
F	G	G	M	H	E	M	X	N	E	C	D	U	E	A	L	E	C	D	X
Z	E	V	M	H	O	V	Z	Z	B	E	C	S	Z	Z	P	L	E	Q	X
V	M	L	O	W	M	X	V	E	H	E	C	N	N	E	Z	B	P	J	F
V	E	P	K	H	T	E	V	N	K	H	H	V	H	W	X	S	J	M	C
A	I	U	L	C	B	U	Q	U	U	A	F	L	Z	D	S	T	X	V	D
T	N	D	L	L	A	W	K	L	U	R	J	T	Y	P	C	R	O	P	B
J	D	J	O	W	T	A	E	A	W	N	E	H	C	U	K	R	E	D	I
Y	E	I	V	M	H	C	S	I	T	B	I	E	R	H	C	S	R	E	D
X	N	H	N	M	P	K	O	D	A	S	F	E	N	S	T	E	R	R	R
D	J	H	U	W	W	N	T	Y	U	V	E	V	G	X	M	P	P	J	Q

LA COMUNITÀ
VERO
IMPERFETTO
L'ALLARME
CONTRO
DRITTO
AIUTARE

LA FINESTRA
ANCHE
LA SCRIVANIA
LA TORTA
SBAGLIATO
PRIMO
LA SCUOLA

2

H	P	D	K	T	Q	Y	G	W	K	Q	R	J	N	R	G	Y	E	F	P
K	E	E	U	B	C	U	B	I	K	K	L	P	P	N	Y	M	T	U	L
A	D	Y	F	D	M	R	S	W	B	E	S	U	U	W	E	V	F	A	B
F	F	M	Y	A	N	K	O	M	M	E	N	R	V	U	A	P	W	N	P
Y	L	V	U	T	L	B	H	Y	Y	C	E	T	L	T	G	E	G	E	N
S	H	W	J	H	Y	X	L	E	L	I	P	I	Z	E	B	Y	Ü	S	M
G	I	D	N	E	B	E	L	H	T	S	S	Q	F	C	O	B	Q	S	C
B	U	P	M	G	D	Y	O	T	R	H	Z	T	H	U	E	G	M	A	D
E	R	S	H	V	G	K	A	A	W	X	U	S	X	N	U	M	R	L	Q
P	I	U	U	O	R	H	S	D	I	E	M	A	C	H	T	D	D	R	K
M	R	X	F	E	C	N	C	W	T	Y	K	G	R	F	V	A	A	E	K
F	H	B	D	S	N	E	T	Ö	T	Z	T	L	N	Y	J	S	S	V	Y
O	M	J	E	N	T	Z	H	T	I	T	W	N	T	K	Y	E	P	H	G
B	C	I	Q	O	D	G	P	Z	G	W	U	W	R	P	H	R	O	C	V
G	D	C	W	X	G	N	R	X	V	D	X	A	T	Q	B	G	S	I	Q
N	J	L	L	T	E	H	C	S	I	E	L	F	S	A	D	E	T	S	R
V	Y	N	U	D	H	S	M	E	U	M	P	J	E	W	P	B	F	C	G
B	F	I	N	V	Z	H	B	R	X	O	J	C	E	U	H	N	A	Z	L
S	R	I	H	H	Q	F	A	J	C	X	F	K	R	Q	S	I	C	D	K
F	F	A	C	D	I	E	T	A	S	T	A	T	U	R	G	S	H	W	G

FARE AFFIDAMENTO
CONTRO
L'OMBRA
IL POTERE
LA CASSETTA POSTALE
VIVO
TROVARE

IL CAVOLO
UCCIDERE
FARE PRATICA
IL RISULTATO
LA TASTIERA
ARRIVARE
LA CARNE

3

F	T	S	O	M	V	S	H	B	L	S	O	M	H	L	H	I	N	E	I
F	C	M	A	Y	B	X	E	T	T	E	R	A	G	I	Z	E	I	D	H
W	Q	B	V	I	O	C	E	X	L	K	Q	O	T	L	S	W	G	S	E
P	Z	E	S	M	Z	X	U	Y	E	N	K	P	L	L	Z	I	M	Y	E
R	B	J	W	Y	W	B	M	W	T	E	B	V	Y	L	W	R	M	P	N
D	Y	I	R	I	I	Q	F	K	O	M	D	N	A	L	S	A	D	L	C
L	R	F	Z	V	S	V	N	Z	H	Ä	I	V	U	U	H	X	E	E	Z
J	K	N	M	V	Q	K	I	N	S	H	U	R	D	Y	X	S	D	H	S
P	S	N	E	F	Z	G	P	C	A	C	B	D	T	W	S	N	V	A	C
T	C	S	E	V	G	D	K	T	D	S	W	X	J	A	X	R	B	N	H
G	C	S	F	V	O	E	R	W	C	E	O	Q	M	E	F	G	N	T	A
I	A	I	V	J	Q	R	W	E	T	B	O	R	S	T	I	L	L	O	R
Z	S	R	C	N	Y	A	D	E	R	B	E	R	G	B	C	Y	U	M	F
T	T	R	R	O	L	U	M	L	Z	V	B	Z	S	C	J	U	U	Q	M
U	T	E	U	K	X	F	T	Y	X	W	M	A	Q	V	K	V	W	W	X
M	K	D	N	R	Y	W	D	I	E	K	A	R	T	E	Z	E	A	D	U
H	N	N	Y	J	G	A	E	P	B	E	C	X	G	S	P	V	F	T	W
C	Z	W	G	I	Y	N	Y	Q	H	R	C	Z	U	G	B	H	Q	U	U
S	K	W	P	K	Q	D	M	B	W	N	D	P	W	M	V	L	O	T	J
A	T	R	R	R	D	J	C	Z	L	X	X	U	A	R	T	Z	Q	H	J

LO SFORZO
L'ALBERGO
FARE UN CASINO
IN GIRO
AFFILATO
LA SIGARETTA
SILENZIOSO
IMBARAZZARE
LA MAPPA
LA CREPA
VICINO
PAESE
LA MONTAGNA
SPORCO

4

M	S	O	D	R	D	Q	V	H	A	T	T	B	F	T	M	H	R	K	R
I	H	P	I	E	N	A	M	G	J	A	Y	K	R	P	B	S	T	G	K
M	S	S	E	T	A	X	Y	A	S	F	F	V	W	P	J	M	F	I	N
D	V	C	T	N	S	L	J	B	X	B	L	A	F	B	L	Q	A	B	H
A	S	X	E	I	R	X	L	D	E	R	S	T	A	U	B	Q	H	U	Z
I	A	H	M	W	E	J	N	I	C	K	E	N	T	Q	I	C	B	A	D
U	O	J	P	R	D	V	N	O	D	W	K	L	U	P	W	R	E	T	I
V	T	E	E	E	D	N	R	E	D	E	F	B	H	C	I	E	L	S	E
V	O	I	R	D	E	B	O	X	E	P	P	H	R	D	K	H	B	Q	B
R	V	J	A	A	H	U	V	L	S	I	X	V	E	Y	H	C	R	K	E
S	D	T	T	C	E	B	U	A	R	T	E	I	D	H	O	U	E	C	V
H	E	D	U	A	X	S	R	K	T	Y	U	A	Q	Z	P	S	I	Y	Ö
H	Z	G	R	H	T	T	D	Q	U	K	S	L	A	F	Q	E	W	U	L
E	B	R	O	W	P	C	Y	J	F	S	L	U	T	H	O	B	O	F	K
D	I	E	S	O	N	N	E	U	Y	P	L	H	R	L	R	R	X	D	E
A	E	R	D	A	C	O	D	S	P	S	L	Y	I	F	E	E	V	C	R
X	Z	R	A	Y	W	G	T	D	Y	L	A	D	U	S	O	D	I	P	U
T	H	K	F	G	L	E	F	I	T	A	Y	D	I	J	S	T	G	F	N
V	U	C	M	A	M	T	O	E	L	Y	E	I	B	W	N	F	G	K	G
E	Z	Q	C	E	Q	Q	O	F	U	T	I	A	G	D	C	L	G	X	A

L'UVA
POLVEROSO
ANNUIRE
LA TEMPERATURA
LA POLVERE
LA POPOLAZIONE
RIMBALZANTE
VIVACE
IL SISTEMA
IL CAPPELLO
IL SOLE
LA SABBIA
IL VISITATORE
INVERNO

5

B	M	U	K	P	F	F	S	N	S	T	I	A	W	N	T	X	M	V	H
B	L	O	H	Q	S	C	N	E	N	E	M	H	E	N	F	U	A	R	S
D	W	N	M	R	H	Y	I	R	O	M	H	H	B	C	I	L	D	R	M
A	L	T	E	N	G	I	X	Y	D	E	R	U	N	F	A	L	L	R	G
R	R	U	E	B	D	S	Q	X	Z	W	M	U	N	M	Q	C	J	L	M
R	H	L	H	Y	M	N	H	I	J	A	U	I	X	O	T	O	O	N	E
A	L	N	R	C	C	O	R	S	L	D	B	A	I	Z	B	Y	B	T	A
N	J	R	P	B	S	E	B	J	U	D	Q	G	A	K	Z	U	W	I	B
G	B	Q	C	V	T	E	Q	E	S	Q	X	E	E	D	M	T	P	E	H
I	C	W	X	K	Z	Q	I	O	I	O	Q	T	Z	R	S	F	I	H	P
E	R	M	N	L	P	C	P	D	G	D	H	X	J	A	E	J	G	N	D
R	J	N	E	M	U	Ä	R	T	J	D	X	L	G	Z	J	L	N	E	Q
E	Y	G	N	S	F	Z	V	D	K	R	B	U	L	D	I	Z	R	G	K
N	R	E	B	L	A	M	U	R	E	H	Q	Y	F	E	N	S	Y	N	G
A	X	Z	H	H	P	Z	Q	I	K	E	F	U	T	R	O	V	N	A	H
J	I	E	E	W	V	O	R	E	I	F	E	N	C	M	M	M	E	G	K
M	U	I	Z	K	N	L	Q	V	M	H	E	O	M	O	U	I	P	R	C
T	N	O	R	L	A	R	E	Q	D	G	S	E	H	N	X	Q	G	E	N
X	B	X	T	B	C	L	W	A	E	S	R	D	A	A	P	L	G	V	X
E	N	M	Z	R	H	S	R	G	Y	O	B	W	V	T	T	N	X	C	R

L'INCIDENTE
IL DEBITO
MATURO
LA BOMBA
DOPO
ARRANGIARSI
OPPOSTO
REGISTRARE
L'ESTATE
PRESTO
IL MESE
PER INGANNARE
PASSATO
SOGNARE

6

```
W D A S I N S T R U M E N T G Z T Z L P
G E O G I L I E W G N A L K C B B T J P
X T A L N T S U T F E O K W B M O A X T
G W W V J C W T R W V H E I K G Y L Q X
N E G I D L U H C S T N E H C I S P A K
L F Z X P F C J O D A S K I N N F L Z Z
T L A R A Y L C D P M W U G W G C E V V
H F F U N M G Z E E B K F T W J V I P K
C B Y E F E N O O A R B O K Y X M P M N
A Q C K U J H Z Z Q L G C R R C S S Z F
N F X N U O R C A E H Z E A P Y N R U X
R X N C Z E P O S B Q Z L S S B F E N B
E W M Z H I V J V N P M X O C B T D Z C
T D A S I N N E R E E H Q E H H M H R F
T J A B E N N M O T F M M L E S M R U K
I D P C Y Y W C P S A G E N F K A A E H
M H J Q E X F R X Z W C P I L Z S D C D
E N K G A G W K G Y S D G E D Z Z S L K
I Q E V L E N P B J G Y I B I Z A R R S
D Q R A R A D X V S B N C L Z K P L F B
```

L'INTERNO
IL CUORE
DIRE
NOIOSO
LA GENTE
LO STRUMENTO
PICCOLO

BIZZARRO
IL LEGNO
IL PARCO GIOCHI
IL SAPORE
SCUSARSI
LA MEZZANOTTE
IL MENTO

7

C	F	N	Z	T	F	S	X	L	L	X	G	L	G	E	L	X	N	Z	U
K	A	V	T	W	P	Q	Y	H	C	F	M	F	O	S	P	C	F	W	W
O	L	R	G	Y	W	M	B	A	D	L	S	N	I	H	A	U	P	D	M
Y	H	Y	A	Z	C	W	E	B	R	A	F	E	I	D	L	F	E	E	I
K	A	L	Z	C	P	H	K	T	D	I	E	S	E	I	T	E	R	R	P
X	T	Ä	T	I	R	O	I	R	P	E	I	D	F	N	D	U	R	C	D
L	H	J	Y	T	O	F	A	M	F	I	P	R	T	P	Y	N	X	O	E
Z	I	X	C	B	F	N	C	U	C	K	P	W	Q	G	X	X	O	M	R
N	Q	Q	Z	G	Z	J	P	W	O	H	S	E	I	D	G	W	N	P	P
D	E	G	E	B	O	G	E	N	A	Y	D	A	S	G	R	A	S	U	L
I	P	S	Y	R	C	T	D	X	T	Y	Y	L	S	F	Y	X	S	T	A
E	B	J	E	D	A	S	U	N	T	E	R	N	E	H	M	E	N	E	N
V	I	K	D	W	B	C	O	N	O	R	M	A	L	B	H	P	L	R	E
I	I	J	Z	N	N	H	S	E	I	S	G	H	K	A	J	J	G	X	T
E	M	F	B	E	G	A	N	E	U	E	R	T	S	R	E	Z	F	J	F
L	D	E	V	Z	V	I	S	R	E	R	C	G	K	Z	N	M	Q	X	M
F	K	B	C	F	Z	K	H	A	O	Y	R	R	A	U	C	J	M	R	J
A	U	I	T	V	I	L	A	S	D	Z	A	Y	Y	S	F	T	V	N	Q
L	E	E	Z	D	F	Y	Z	E	I	S	O	W	K	B	V	Q	O	X	G
T	D	E	M	S	H	W	T	B	D	C	K	H	C	W	U	A	X	M	J

LA PAGINA
IL COMPUTER
IL PIANETA
LA PRIORITÀ
PIEGATO
LO SPETTACOLO
SPARGERE
ORDINARIO
LA VARIETÀ
LA TENUTA
L'AZIENDA
IL COLORE
VECCHIO
L'ERBA

8

W	D	A	P	C	B	J	C	Z	K	T	V	H	T	X	A	A	N	N	M
W	A	D	E	R	K	A	L	E	N	D	E	R	G	N	V	D	B	R	A
F	S	F	Y	Z	G	K	R	O	O	X	V	G	C	Z	W	E	I	S	L
L	S	J	L	L	E	H	E	J	F	D	S	C	H	W	E	R	L	V	I
G	C	Z	Z	F	C	T	M	D	W	J	X	U	O	F	W	V	U	N	I
H	H	D	X	L	H	M	I	I	A	E	G	F	N	A	O	E	J	I	G
A	A	K	X	R	M	S	U	E	E	J	X	E	O	B	L	R	W	J	P
L	C	V	V	Y	V	C	D	W	S	D	G	I	Z	N	A	T	J	B	G
N	H	E	Z	A	A	H	D	O	G	N	D	L	S	R	S	R	I	T	R
K	S	R	O	U	Q	W	X	C	Ä	T	E	H	Z	T	W	A	E	X	A
X	P	S	N	H	V	I	K	H	F	G	I	ß	B	T	I	G	Z	X	M
F	I	C	X	T	E	E	P	E	D	G	K	N	U	D	B	E	A	C	U
Q	E	H	Z	Z	D	R	V	H	Q	L	W	W	L	A	B	S	R	L	J
Z	L	W	Y	O	I	I	N	W	A	F	V	I	R	R	E	R	N	E	S
L	X	I	S	T	W	G	Z	K	Q	G	I	T	K	G	M	I	Z	G	N
P	G	N	M	V	I	H	G	Y	T	H	I	R	O	V	I	R	D	R	C
E	A	D	M	G	N	Y	S	K	G	O	S	N	E	H	C	U	A	R	N
T	R	E	B	B	F	R	K	X	I	G	O	X	R	S	B	A	H	F	L
J	L	N	I	L	Z	J	I	B	N	N	E	ß	E	I	L	H	C	S	U
K	N	S	I	A	B	P	D	S	I	H	J	Q	B	S	Q	N	A	X	R

SVANIRE
IL CALENDARIO
LA SETTIMANA
CHIUSO
DI
L'ESTERNO
PESANTE

FINO A
FUMARE
GLI SCACCHI
IL CONTRATTO
ESISTERE
APPENDERE
SCALTRO

9

A G A R N E S S A H A U S R X M O S F M
G G F K D K Y N E R R I W R E V L E L L
Q E A L T W L T D F V L Y A F K Q V D M
W H O R H L B E Z Y W I F A U A C M A J
O H V V I U R R Y G N U N H C E R E I D
Q P P S E D K B I N U D R J T M N U L D
R J H X R L G Q A W K F F Q J Y N Q I I
R V Y E K L H M G E S C H Ä F T I G E E
T K C F L E N I H C S A M E I D R U N U
U K Z M J X A H I G T X U L Z N H P U N
B M H H S K Z T F K B C F E A V G M G I
B I J C A B S U J J J N B V M A X W M V
W R V I I T U T M U Ä R E G F U A W B E
C B V L L Q D O W I E U S D Y L S V C R
Y B X R P M C A U F I M Q J R U G O R S
M X F H L R E S S G D Q N O D O T R H I
T J K Ä N L E Z O A R H P I M M M V Q T
M V D F F D O I Q T U E L C Y W Z U D Ä
G K P E U R M K C Ü L G N U S A D W A T
L B A G M R K V D H I R E N D Z R X M J

GUSTOSO
L'UNIVERSITÀ
CONFONDERE
UCCIDERE
RICCO
LA SPORCIZIA
VIVACE

LA RICEVUTA
PERICOLOSO
IL DISASTRO
ORDINATO
ODIARE
L'OCCHIO
LA MACCHINA

10

C	G	A	Y	I	S	S	S	F	J	Q	R	B	Z	E	T	U	O	A	T
X	B	E	N	T	U	J	R	N	K	U	V	D	G	R	A	U	S	A	M
V	D	A	W	A	A	T	J	B	C	N	D	Y	I	E	M	F	F	D	W
W	R	N	M	R	D	I	E	E	I	G	E	N	S	C	H	A	F	T	N
Q	F	E	D	M	E	M	H	N	B	L	B	D	Q	X	B	O	Y	H	O
Z	I	A	N	P	S	D	X	L	Y	Q	F	H	O	S	W	G	U	S	I
D	E	E	M	R	A	E	I	D	Q	Z	T	A	C	B	U	U	T	A	T
G	K	N	E	H	C	A	L	H	J	Z	M	Y	Z	A	R	P	S	F	A
V	O	H	T	B	C	B	T	E	R	H	Q	G	F	I	D	E	G	T	N
O	U	I	E	X	B	A	G	K	A	O	A	R	V	X	K	S	D	I	I
R	I	N	K	T	B	R	G	M	X	H	C	K	R	Y	B	E	A	G	B
S	W	Z	C	P	A	D	U	M	L	E	I	T	E	N	C	A	T	D	M
C	Z	A	T	O	S	Z	Z	S	W	O	Q	N	C	M	Q	H	W	C	O
H	T	Y	O	V	T	I	P	A	F	K	X	D	L	H	I	X	O	C	K
L	W	T	P	M	G	R	E	R	J	V	V	E	M	R	A	B	I	N	E
A	M	B	Z	Y	H	T	P	O	F	M	N	R	T	M	K	Y	F	F	I
G	X	L	W	P	P	V	J	Q	D	M	G	W	Q	F	Q	X	V	O	D
E	D	R	B	P	H	G	I	E	T	S	R	E	G	R	Ü	B	R	E	D
N	E	K	U	O	E	I	B	F	Y	M	U	R	X	R	V	T	Y	P	O
A	D	H	G	Z	V	R	V	W	Y	L	E	T	B	B	O	A	D	H	P

SUGGERIRE
LA COMBINAZIONE
L'ESERCITO
IL MODO
LA PROPRIETÀ
IL VALORE
RIDERE

IL TETTO
IL TOPO
IL MARCIAPIEDE
IL FONDO
GUIDARE
SUCCOSO
RACCAPRICCIANTE

11

N	L	J	F	Q	P	N	H	U	W	G	R	P	W	M	C	C	O	W	O
X	S	Q	Z	F	W	Y	A	H	J	I	O	X	D	V	W	I	B	L	X
P	B	S	K	D	X	W	C	B	Y	T	V	Z	F	H	E	E	P	L	Z
N	I	D	C	N	Z	W	H	G	J	G	A	K	Y	I	J	D	O	T	N
E	P	F	W	J	W	A	Z	L	K	F	K	C	G	Q	E	L	L	F	L
F	H	C	X	M	H	W	A	Z	S	G	Q	Z	V	M	I	Ä	G	J	E
J	T	F	N	Q	C	Ö	Q	D	F	D	C	B	S	I	Q	M	E	S	H
N	Y	D	W	U	I	J	F	B	J	O	Z	Q	L	R	T	E	B	D	C
N	P	S	J	H	L	A	C	L	K	J	M	Z	Z	M	R	G	R	I	I
A	I	M	R	H	R	O	I	O	I	J	S	C	D	I	V	S	A	J	E
E	P	P	E	R	E	T	I	U	O	C	K	W	N	K	T	A	U	Z	R
R	B	B	G	V	N	F	L	V	B	Z	H	G	Z	G	F	D	C	O	T
I	H	E	N	R	I	N	Z	G	W	J	E	U	R	B	A	P	H	R	S
K	J	A	E	E	E	Z	T	A	T	N	A	O	K	P	R	G	T	O	O
H	D	S	R	U	W	Y	G	N	J	T	ß	Z	J	B	P	F	K	T	B
V	J	R	I	T	X	N	F	Z	G	P	R	T	K	N	L	M	N	S	J
F	Z	W	S	K	P	K	M	M	A	D	E	R	H	U	M	O	R	A	N
P	G	E	C	G	N	U	T	L	A	H	R	E	T	N	U	E	I	D	X
Y	T	E	H	B	Q	M	T	S	O	T	T	N	E	N	N	E	R	T	C
V	P	A	Z	N	W	W	U	D	W	B	S	Z	U	C	Y	O	N	J	P

IL DIPINTO
ALTO
PIOVOSO
L'UMORISMO
IL CANCELLO
ACCAREZZARE
SECONDA MANO

LOTTARE
SEPARARE
TOTALE
SU
EDUCATO
LACRIMOSO
LA CONVERSAZIONE

12

V	K	O	X	Z	W	V	I	W	C	R	T	C	E	U	C	G	C	J	B
R	Q	D	D	I	R	W	L	P	J	R	Q	U	L	L	G	N	Z	Y	I
B	V	J	D	I	E	S	P	I	N	N	E	T	E	G	B	H	R	I	D
S	B	L	K	N	E	Q	I	I	N	H	L	G	R	F	Q	D	T	U	Y
F	I	O	Y	B	D	I	E	C	U	E	N	B	N	O	K	I	Z	Y	C
Q	U	E	F	D	O	D	N	T	G	I	K	T	J	Q	R	P	U	H	D
T	N	R	S	H	N	M	K	V	L	S	B	C	E	P	C	E	C	R	A
K	X	B	H	A	D	Z	A	K	E	B	D	V	E	T	E	E	D	G	S
Y	K	Y	Q	H	D	Q	E	S	J	S	Q	J	Z	M	N	J	S	N	R
R	U	W	H	C	N	I	X	X	C	Z	T	S	L	Z	H	A	J	R	E
N	E	J	O	C	D	R	V	A	F	H	I	I	M	W	T	C	F	J	Z
E	K	L	U	O	L	F	Z	F	X	J	L	U	T	E	N	S	S	I	E
F	M	L	A	N	B	M	V	G	X	G	V	A	N	I	W	K	L	R	P
U	Q	S	X	K	Ö	N	I	G	L	I	C	H	G	T	O	M	O	E	T
Z	J	G	H	C	Y	V	F	K	S	O	A	B	I	E	H	N	A	R	Q
E	O	D	S	N	I	Z	I	D	E	M	E	I	D	A	N	E	C	U	M
Z	F	G	W	I	P	H	F	W	Q	W	Y	P	H	H	D	V	I	N	D
U	L	M	O	P	O	D	Y	Q	K	E	U	O	S	L	D	B	Y	D	W
H	X	K	Q	F	P	B	G	I	S	E	F	N	E	H	C	U	S	E	B
N	Z	B	U	D	E	R	G	E	B	U	R	T	S	T	A	G	X	N	M

DARE UN PUGNO
LA RICETTA
SECONDO
REALE
LA MEDICINA
ASSAGGIARE
GIRARE
IL RAGNO
IL LUOGO
VISITARE
IL COMPLEANNO
IL GHIACCIO
L'INVESTIMENTO
LA CAMPANA

13

```
D B K P Q H X H J L Z H V C X P I F O O
X Z T L H U Q V N S Y L O A Z F Y B W Z
A H R V C J C V E K N E R Ö T S R E Z S
B K U I P F K X N Z Q A Z F M R B Z V T
P B E F A C L Z N K R D Q U F L K B T H
F O D X T A S U A P B B L C J D O T S E
J H Y T I M Q F P A O E Y I E M R O R A
T V F L E H R Q S F Q N V C H V O Y J F
T C C K H C K D T B T U P I Z C V Y R U
B I R V R A Z T N P N H M W V O S A E S
Q N L K E G B X E I Y E W Y U B Q S C E
D A O J H I I V H B E D G K G T R E A D
T I L F C L P D E R A N F A N G Z S I D
L K E S I E I Y C S B E S P S Q N E Y E
U J M P S S Q P Z R S S H P G D S I Q R
A K B Y E U X E U N K A Z S Z A P R I B
F A U S I R G K Y M I D U F C L Q R D A
R N J B D G S Q Q E Y U E H Q U M E E U
E U X Z H J R O S N E B E W H C S D Q M
V N I V K Z U Q N Y H X Q Q R L N P D O
```

DISTRUGGERE
MARCIO
ALLARMANTE
RILASSARSI
L'ALBERO
SPENTO
FINE

L'INIZIO
GALLEGGIARE
IL GIGANTE
IL SEGNO
LA PERSONA
LA COSA
LA SICUREZZA

14

N	O	J	C	W	Q	I	F	E	A	P	P	L	A	N	E	N	U	M	F
A	F	R	S	N	Q	X	T	G	W	K	H	T	Y	U	V	A	O	R	L
N	Z	W	F	U	V	A	R	A	J	Q	C	P	Z	N	D	O	X	I	R
D	E	R	O	Z	E	A	N	S	F	D	U	P	N	A	E	N	P	H	S
W	J	G	G	K	F	Q	P	S	Z	E	B	B	H	J	R	A	L	C	U
T	L	V	O	P	I	Z	R	U	J	R	S	S	N	W	H	K	B	S	N
X	R	A	T	B	J	K	I	A	Y	S	A	I	W	V	A	G	D	N	H
O	P	E	U	P	L	O	Z	E	M	N	D	W	P	M	A	I	L	E	X
W	W	N	T	S	W	L	F	I	T	A	M	M	U	W	R	R	N	G	M
F	H	A	T	T	Z	X	E	D	A	C	L	K	G	J	S	H	E	E	T
J	M	B	J	E	I	R	S	R	C	K	Z	G	Z	G	C	Z	D	R	V
S	N	L	E	C	K	B	O	R	E	I	C	P	Y	G	H	Q	I	R	Y
H	U	J	Y	I	H	W	R	P	G	D	J	T	L	K	N	D	E	E	R
W	N	R	N	E	L	I	E	E	B	H	C	I	S	V	I	F	P	D	C
I	V	P	B	W	R	M	S	I	T	R	K	I	G	B	T	N	F	R	I
A	T	L	I	W	B	X	P	J	G	S	R	M	E	F	T	O	L	A	T
U	X	G	W	X	D	I	E	K	A	T	E	G	O	R	I	E	A	K	Q
Z	N	U	A	V	J	V	D	U	I	E	Y	D	T	O	N	C	N	S	L
U	X	L	L	C	J	F	C	F	N	I	Z	M	A	G	E	R	Z	T	O
F	P	D	V	S	O	F	H	P	E	L	V	F	W	N	Y	X	E	O	G

PENDERE	**IL TAGLIO DI CAPELLI**
LO SPUNTINO	**LA DICHIARAZIONE**
L'OMBRELLO	**IL LIBRO**
PIANIFICARE	**IL GOMITO**
AFFRETTARSI	**L'OCEANO**
FEROCE	**LA PIANTA**
RIPIDO	**LA CATEGORIA**

15

S	Y	V	S	T	D	C	G	E	N	E	G	O	I	S	L	N	L	J	M
S	O	U	G	O	A	E	Z	K	W	H	J	C	U	T	U	S	G	F	M
W	Y	D	D	B	S	I	N	Z	I	D	O	L	N	P	B	O	O	X	C
N	S	R	D	V	E	J	K	X	Q	V	B	S	F	M	B	X	M	E	W
M	B	H	I	B	R	H	S	F	P	B	B	S	R	M	Y	G	M	R	I
O	J	L	E	G	E	U	I	V	R	P	H	S	V	E	M	M	H	H	N
T	L	N	S	I	I	J	I	B	A	D	V	U	Z	U	D	Ö	U	Ö	Z
W	C	V	C	H	G	E	R	E	H	M	P	L	F	U	J	Q	G	H	I
I	Y	J	H	V	N	T	M	I	L	R	I	F	B	P	G	P	A	E	G
E	N	Q	U	S	I	Q	S	Z	E	N	Y	B	W	U	O	G	Q	N	N
D	H	X	B	E	S	A	K	U	N	K	K	A	H	T	H	U	N	I	T
E	Z	F	L	D	B	R	Y	J	E	F	H	R	U	A	G	K	S	I	E
R	T	Z	A	I	U	W	Y	J	M	L	Y	E	F	D	R	W	Z	J	P
H	B	G	D	G	U	Z	F	U	A	R	E	D	Q	K	U	S	E	W	I
O	D	V	E	N	V	S	R	L	W	A	T	A	H	K	K	V	C	L	N
L	N	R	E	K	I	T	I	L	O	P	E	I	D	Q	R	S	O	H	G
E	H	Z	R	E	R	N	Z	H	D	N	H	S	O	D	H	O	K	W	H
N	B	Y	N	N	K	L	W	D	O	Z	X	K	Z	C	C	W	G	J	Y
G	D	U	G	V	V	W	O	Y	Y	V	O	K	C	P	E	F	U	K	W
C	H	F	V	Q	H	C	S	I	T	N	A	M	O	R	D	R	B	O	S

RIPETERE
IL CASSETTO
IL DRENAGGIO
L'ASCENSORE
IL FIGLIO
L'EVENTO
VANTARSI

FREDDO
MINUSCOLO
ROMANTICO
DURO
PIACERE
I POLITICI
AUMENTARE

16

J	L	O	Q	A	W	S	J	Z	V	M	H	P	D	C	D	J	C	K	C
T	Z	H	A	C	R	U	W	L	N	X	R	E	P	O	H	H	E	A	P
J	R	R	U	O	L	C	P	Q	D	A	R	L	Z	C	N	A	R	J	I
U	Q	D	I	E	T	A	N	T	E	B	T	R	I	K	A	Q	P	K	Z
N	C	K	W	S	B	W	H	C	U	L	B	S	O	W	F	E	C	I	L
B	A	A	T	I	E	H	K	N	A	R	K	E	I	D	X	A	O	R	E
E	V	J	B	I	P	S	T	O	Z	T	W	M	X	D	K	J	S	V	S
K	K	F	C	G	Z	S	P	M	L	L	B	T	H	N	E	K	L	V	I
A	Z	H	R	U	T	J	Y	H	K	K	Y	X	Z	X	E	I	G	H	E
N	P	O	D	I	E	G	R	U	N	D	L	A	G	E	Q	N	D	T	M
N	ß	C	F	D	I	E	E	N	T	S	C	H	E	I	D	U	N	G	A
T	I	T	H	R	H	A	G	E	D	R	A	Y	Y	G	O	X	G	E	E
N	L	U	J	K	S	L	X	C	U	I	L	N	E	T	Z	A	J	R	I
E	F	Z	E	X	D	E	R	F	R	E	M	D	E	P	N	C	K	Ö	D
B	E	B	M	R	N	Y	Y	G	S	A	D	X	B	E	F	X	G	S	L
G	D	R	V	X	P	F	I	U	X	B	J	N	X	P	M	K	B	T	H
A	G	O	S	B	G	M	B	N	I	Y	F	P	J	T	P	I	U	E	J
O	G	H	X	M	U	A	W	T	W	X	X	I	Y	X	B	T	W	T	R
O	I	B	V	G	P	H	D	E	E	R	F	O	L	G	R	E	I	C	H
W	R	V	V	V	R	A	W	R	Z	C	D	D	P	N	F	H	Q	E	D

LA MALATTIA
LA FORMICA
ARROSTITO
LA DISTANZA
GRANDE
RIUSCITO
LA DECISIONE
LA FONDAZIONE
SCONOSCIUTO
TRA
MORBIDO
LO SCONOSCIUTO
LA ZIA
IL PASTELLO

17

D I E Z U S C H A U E R H H R F F M A T
R N E H C N R Ö H H C I E S A D K U Q H
Q Q R S D J B I B X R R L P A T P X I C
K M G S W A C H S E N E O Z G T A T V I
A Z P N O L Z Z M C I J C W N F U G Q E
D H C L I M E I D A I F X S C F V Y D S
X K V O E C N N O N D C D R S Z E S E X
S C H N E I E N D I E L I N K E G T R X
R U T Z S P O X F S P A X O M M U K K D
Q S N E G V H C I L ß E I L H C S S U A
E A U S S E T Z E N D Z S K W A E H S E
R P I S J X T U O E T U O R E I D D S C
B C I J Z I Z Q V Z V K E K J G M G V P
Ä F R H D H B Z G I V M C N E M L U P W
R M R C A E Q I S D F V B M A O E X M M
M N Q R J T R R N J U P J X T K E X D D
L O X R W L S G J Q A I S H X Z R R U D
I Y S W Q S T Q E I A R I Z B B E V X R
C X F O P U P J W B L U N B B I N R P P
H R Q A D T Z B R Y Q D M Z W S S B W C

ESCLUSO
LO SCOIATTOLO
POCO PROFONDO
IL PUBBLICO
PATETICO
IL BACIO
DI

IL LATTE
NEVICARE
SVUOTARE
LA SINISTRA
SOSPENDERE
CRESCERE
LA STRADA

18

N	L	Q	Q	O	D	A	S	W	I	S	S	E	N	D	N	M	B	R	Q
A	H	T	N	E	A	F	Z	R	C	C	D	A	Q	I	E	G	D	R	H
S	K	O	N	Z	R	P	N	V	I	I	I	S	A	E	D	E	O	Y	R
Q	O	Q	M	A	L	X	C	C	U	C	E	M	W	S	I	X	D	H	Q
F	N	C	W	I	K	P	Q	V	R	N	S	X	Z	P	E	V	B	Z	X
L	R	E	J	V	O	Y	Z	I	F	O	T	D	W	I	M	M	E	V	Z
I	O	S	D	I	E	V	U	W	I	J	U	J	P	T	R	E	K	W	C
K	N	F	K	N	D	D	I	Z	O	Z	N	X	N	Z	E	F	O	L	F
C	P	P	I	E	I	F	I	B	J	M	D	E	F	E	V	Y	M	D	A
S	I	E	Y	R	H	W	O	E	Z	O	E	Q	D	U	U	U	M	V	S
W	J	F	G	E	U	S	H	K	W	C	R	U	A	Y	C	T	E	T	W
L	R	M	L	I	I	E	C	C	N	A	D	M	A	L	K	G	N	O	I
N	N	I	Z	N	S	R	L	E	S	F	H	H	Y	R	A	S	H	P	Z
T	U	O	G	I	I	W	ß	E	Q	R	M	R	R	U	M	V	C	Y	J
H	J	Q	V	U	H	E	E	C	B	Z	E	O	H	D	I	E	K	U	H
A	U	ß	E	R	I	A	T	P	O	P	K	V	M	E	C	W	U	N	M
T	U	C	Y	N	S	P	F	L	H	C	Y	K	Y	U	I	W	A	J	P
T	I	A	E	N	T	H	L	C	T	A	S	H	X	W	N	T	W	X	V
X	G	G	H	Q	H	M	Ä	P	K	Q	B	S	P	X	O	W	Z	W	F
I	T	U	G	S	E	H	H	K	S	C	H	R	E	C	K	L	I	C	H

LA CONOSCENZA
LA MUCCA
TRANNE
EVITARE
ORRIBILE
SCOMPARIRE
RICEVERE

LA CIMA
ALLA ROVINA
BENE
GODERE
METÀ
L'ORA
LA VERITÀ

19

P	L	C	B	T	C	I	Q	T	V	H	L	K	D	C	N	W	D	H	S
O	B	J	K	Z	L	L	V	I	C	R	C	I	V	E	E	A	I	I	H
B	L	A	A	D	I	G	O	I	F	U	E	R	D	U	W	Q	E	A	C
Y	T	Q	P	E	Z	P	E	D	Q	Z	D	O	I	A	D	X	G	R	E
K	Y	V	D	R	D	R	A	J	U	H	A	S	E	E	E	F	A	Z	R
W	Z	N	A	H	A	F	D	N	V	C	S	S	B	G	L	X	B	M	F
D	A	Y	S	Ü	S	S	G	N	L	R	H	T	E	N	Y	K	E	F	V
A	Z	Y	P	G	L	E	S	T	Q	T	A	E	D	U	G	A	L	B	X
S	A	I	X	E	I	K	Y	Y	Q	H	U	C	E	M	Q	A	F	W	A
G	B	K	T	L	M	S	H	M	L	Q	S	A	U	M	H	D	Z	M	O
E	P	H	A	M	I	G	K	P	J	F	T	X	T	I	V	L	U	Z	U
B	X	R	G	T	T	U	R	V	G	A	I	Z	U	T	Y	P	S	M	Z
I	J	S	R	P	D	E	R	M	A	G	E	N	N	S	F	X	M	Z	M
E	K	Z	L	D	A	S	M	E	E	R	R	W	G	E	Z	V	G	O	A
T	R	L	Z	Z	W	Z	N	Y	J	N	P	P	Y	I	K	W	I	A	S
U	F	H	E	K	B	K	A	L	N	U	I	C	P	D	E	W	D	U	H
W	J	X	X	B	H	Q	U	D	F	U	K	D	E	X	R	Z	R	I	M
E	F	T	D	D	E	I	L	J	D	G	E	I	T	F	Y	C	F	T	M
B	O	L	K	M	Y	N	F	P	M	X	Q	M	M	A	M	T	M	Y	E
M	I	Y	D	X	J	M	V	U	N	N	F	I	D	B	O	V	R	F	G

RICCO
L'AREA
STUPIDO
LA LINGUA
LA FORCHETTA
IL SIGNIFICATO
ATTACCARE

IL MARE
L'UMORE
CATTIVO
L'ANIMALE DOMESTICO
IL LIMITE
LO STOMACO
LA COLLINA

20

H	N	D	A	I	H	F	I	Z	D	O	J	Q	S	L	U	V	D	M	S
P	M	B	A	H	U	Q	A	T	M	O	S	P	H	Ä	R	E	D	T	O
J	E	H	B	Q	H	V	K	U	R	E	M	M	A	H	R	E	D	Z	L
Z	H	C	H	A	G	V	F	Z	K	O	G	N	I	L	E	Q	R	H	T
D	O	S	B	Y	U	N	Q	I	J	T	Z	E	E	K	A	K	L	C	R
H	M	I	N	P	D	E	R	B	A	H	N	H	O	F	O	F	X	I	E
Z	S	E	V	A	R	X	D	F	G	O	R	C	E	Q	W	I	C	P	W
X	U	L	Y	Q	U	Y	N	W	C	E	M	E	H	R	Z	P	H	J	C
M	P	F	A	N	Q	E	F	H	R	Y	A	R	C	B	I	P	U	Y	I
E	M	S	V	I	G	M	X	A	R	D	E	P	A	I	F	E	H	S	B
Q	U	A	K	A	G	Y	H	Y	P	W	T	S	S	R	U	E	C	N	Z
G	M	D	L	F	N	Y	C	E	H	I	S	R	T	Q	R	S	S	A	N
K	K	H	G	A	W	B	R	A	T	D	A	E	A	I	X	O	D	I	X
J	C	S	R	M	S	L	Z	R	J	I	D	V	T	B	W	X	N	N	C
S	C	J	H	E	D	F	O	H	S	C	H	R	E	I	E	N	A	Y	S
T	W	C	V	C	D	C	K	G	Y	N	U	U	I	I	A	M	H	U	R
L	C	N	Y	S	K	B	Z	N	Q	V	W	Y	D	O	I	Q	R	B	A
G	S	E	Y	E	C	F	G	Y	J	O	W	U	S	K	K	E	E	X	Z
I	S	W	N	V	K	A	H	Y	R	A	I	A	W	D	S	N	D	L	H
L	A	G	E	R	S	A	D	O	I	R	R	K	G	Q	Y	K	T	P	J

PROMETTERE
IL GUANTO
ASCIUTTO
SENZA VALORE
SCHIAFFEGGIARE
L'ATMOSFERA
IL GRUPPO

IL MARTELLO
IL FATTO
URLARE
LA MENSOLA
LA CARNE BOVINA
L'INSEGNANTE
LA STAZIONE

21

G	F	T	N	O	X	P	F	U	R	H	Z	R	Z	R	W	V	G	V	R
F	L	A	E	E	Y	I	G	N	U	J	F	H	X	Y	I	X	W	O	E
J	Z	S	R	B	T	E	T	A	R	I	E	H	R	E	V	X	C	T	M
R	P	X	Ö	C	D	X	M	H	L	K	F	E	C	R	Z	S	Y	F	H
V	V	X	H	S	A	O	N	T	G	D	M	U	I	Q	B	J	I	K	E
D	Z	B	U	T	S	N	D	E	M	J	R	K	I	B	I	L	A	N	N
U	E	H	Z	C	G	E	R	G	L	D	A	S	G	I	F	T	C	R	T
C	G	R	H	Q	L	F	E	U	L	B	X	H	Q	O	Q	C	J	F	I
D	R	Z	F	O	A	L	L	D	R	J	O	N	R	M	C	V	G	G	E
I	S	J	G	A	S	V	E	R	S	C	H	W	E	N	D	E	N	H	B
B	F	R	S	D	D	K	O	C	Z	B	R	N	R	K	R	W	U	D	R
H	G	M	A	T	I	E	T	L	V	A	W	A	W	Z	C	A	L	C	A
Q	E	J	U	Q	T	E	N	M	B	G	P	V	J	F	R	E	Z	B	R
W	H	I	B	K	E	I	I	T	I	Z	Q	X	I	A	H	H	D	S	E
B	E	L	W	Q	R	Y	H	N	W	X	U	Q	Y	A	X	A	J	U	D
R	E	E	L	O	A	C	O	C	S	J	C	A	C	N	W	H	S	A	Z
I	Y	V	R	D	U	H	J	K	R	E	V	O	L	L	U	P	R	E	D
L	I	H	L	R	R	C	I	U	S	O	L	K	C	U	M	H	C	S	Z
V	H	J	F	E	P	R	W	M	L	C	E	O	H	G	U	C	V	H	V
J	O	X	D	I	I	P	B	G	L	F	V	B	M	G	X	E	A	R	U

IL MIELE
SPRECARE
COPRIRE
IL MAGLIONE
IL VELENO
L'ISOLA
FERTILE
IL VETRO
IL FILO
SPOSATO
IL DIPENDENTE
PIANURA
VUOTO
ASCOLTARE

22

P	K	D	B	Z	U	M	R	R	Y	T	B	T	Q	F	D	N	S	F	O
B	Z	F	E	W	L	R	J	Y	E	W	W	K	V	I	S	A	M	Y	L
N	K	O	T	N	G	E	Z	Y	E	T	Z	Y	G	G	A	S	I	D	X
E	O	H	T	C	E	E	E	D	Y	B	I	D	I	E	K	I	S	T	E
H	G	N	E	N	F	E	R	S	C	H	R	E	C	K	E	N	O	Ü	Q
Ö	C	R	L	B	W	E	E	P	U	J	H	A	L	B	G	U	P	B	J
H	D	E	N	W	E	U	Q	L	P	O	L	Z	U	R	D	D	M	E	G
R	Z	U	M	I	L	C	C	H	Y	T	E	L	H	N	E	S	N	R	D
E	D	A	D	E	D	P	X	D	X	Z	I	S	O	B	C	D	O	R	U
L	N	B	F	C	W	I	S	X	S	M	V	H	T	L	T	Y	I	A	C
P	A	R	A	R	I	X	E	D	Q	L	H	K	T	D	Y	Y	T	S	H
B	I	E	Y	Y	U	L	A	M	H	O	W	T	Ü	I	Z	G	I	C	V
U	P	D	K	T	O	Y	P	V	E	O	G	N	H	Q	P	O	N	H	M
C	Y	P	E	Y	V	Q	Z	M	H	N	N	H	C	A	J	M	I	E	F
T	T	S	X	T	S	Q	W	O	A	Y	G	I	O	X	S	L	F	N	I
N	K	E	Q	L	T	I	J	K	O	B	H	E	L	V	H	W	E	G	F
G	Z	M	Y	A	D	U	C	X	Q	O	K	O	S	P	C	I	D	S	R
Q	G	D	S	B	N	X	U	D	S	M	A	R	A	P	I	O	E	E	F
N	E	ß	U	A	D	F	I	I	G	T	N	D	D	G	S	W	I	N	O
U	H	E	Q	R	T	L	Z	F	H	D	S	V	U	L	H	E	D	L	P

LA SCATOLA
SORPRENDERE
AL DI FUORI
MENDICARE
IL BUCO
LA FOLLA
LA DEFINIZIONE
TERRORIZZARE
IL CAPO
LA FATTORIA
SOLLEVARE
LA TERRA
MARRONE
MAGRO

23

V	A	G	A	T	C	A	A	P	B	X	I	T	T	Q	R	J	K	W	G
W	Q	V	I	C	H	F	B	O	O	A	S	R	N	C	P	T	S	P	V
J	M	Z	J	E	O	K	C	A	A	T	E	B	E	N	D	D	Y	G	T
F	L	I	D	S	Y	A	D	A	S	D	S	A	G	S	G	W	N	R	D
W	G	D	S	P	C	I	S	W	N	H	S	W	I	Z	V	Z	T	O	I
D	H	A	Y	Q	E	U	S	A	H	F	O	N	L	M	I	N	E	X	E
H	D	C	J	T	V	Y	N	T	T	T	H	E	L	U	S	W	I	D	T
A	C	X	A	E	J	I	Q	N	D	O	C	P	E	Y	M	O	L	I	A
W	S	S	G	Z	E	F	Z	E	T	D	S	H	T	F	Q	E	N	E	S
A	T	P	I	H	O	A	G	M	J	R	E	W	N	N	Q	R	E	B	S
E	S	O	C	R	E	R	L	T	K	F	G	S	I	T	J	L	H	E	E
H	N	R	S	F	F	W	U	R	I	G	R	V	D	A	C	X	M	Z	N
T	U	G	N	I	B	P	Q	A	X	H	E	E	J	Y	Y	N	E	A	P
D	R	N	E	U	R	Ü	F	P	B	Y	B	Z	J	X	T	A	N	H	O
Z	X	E	K	K	I	Z	F	A	X	T	O	X	X	W	N	V	F	L	P
N	M	U	O	H	K	F	A	S	F	T	S	M	B	Y	V	X	E	U	R
T	V	J	A	F	L	A	U	A	A	Q	A	L	G	I	M	R	M	N	S
Y	W	W	V	D	Y	Y	L	D	V	X	D	G	R	K	Y	U	Z	G	B
J	G	C	K	W	V	P	V	E	R	G	E	S	S	L	I	C	H	T	X
O	S	Z	S	D	I	E	R	E	A	L	I	T	Ä	T	U	L	F	B	H

FRESCO
INTELLIGENTE
LA REALTÀ
LA TAZZA
IL PAGAMENTO
IL PIANO DI SOPRA
PER

IL DIVANO
L'APPARTAMENTO
PIGRO
IL TASTO
SMEMORATO
CONFUSO
PARTECIPARE

24

E	A	J	P	L	R	Y	U	A	S	R	G	X	D	K	F	I	E	T	S
Q	C	P	Z	W	V	D	Y	O	R	E	P	I	Y	R	D	U	D	G	O
F	Z	H	O	D	W	T	B	O	C	U	E	D	Q	V	R	S	B	Y	G
X	H	B	B	H	Z	W	R	I	U	A	L	W	D	E	R	S	E	E	W
G	O	X	F	K	U	Y	D	H	T	S	D	N	O	M	R	E	D	P	D
D	H	K	G	Q	T	R	W	T	I	Y	K	P	T	D	N	Y	L	D	A
A	W	W	F	W	W	Z	R	Z	P	G	W	H	H	M	N	F	C	S	S
S	P	Q	Z	F	H	A	T	X	I	P	D	I	E	F	R	O	N	T	G
M	W	Z	E	Y	K	C	V	R	M	N	Z	X	N	W	G	M	S	C	E
Ä	D	E	O	T	D	S	G	K	Q	C	Y	X	E	D	S	Y	T	E	F
D	Z	V	I	W	B	N	X	O	B	I	Y	C	S	D	I	V	N	X	Ä
C	J	O	K	W	U	D	E	I	M	E	H	C	E	I	D	G	S	O	S
H	N	O	A	H	E	Y	D	V	F	S	Z	U	Y	S	S	Z	C	O	S
E	E	F	D	Z	I	U	N	H	E	I	M	L	I	C	H	S	Y	X	G
N	G	U	Y	K	I	T	F	L	V	T	W	Z	C	O	F	E	L	H	W
U	T	Z	I	C	Y	Z	N	M	A	K	N	O	D	P	L	F	O	L	B
D	I	E	V	E	R	S	C	H	M	U	T	Z	U	N	G	P	M	I	K
Z	A	L	X	B	L	R	E	O	I	A	I	C	Q	U	L	K	D	D	G
C	G	R	N	F	O	P	E	O	N	A	H	F	U	P	L	V	C	I	D
P	U	Z	P	Y	T	X	K	Z	H	B	R	J	F	Q	X	H	E	Q	D

VENTOSO
IL LAGO
RIGIDO
L'INQUINAMENTO
LA LUNA
LA CHIMICA
LA PARTE ANTERIORE

STRISCIANTE
ACIDO
CAMBIARE
LA RAGAZZA
AFFAMATO
L'ATTRAZIONE
IL VASO

25

K	Q	U	L	Z	K	Z	Q	W	Z	K	R	E	T	T	E	N	C	W	T
Y	X	N	F	X	D	O	J	U	K	N	N	E	Q	H	O	I	Y	O	I
J	G	H	N	B	X	M	I	P	E	E	T	P	L	T	M	N	X	K	T
Z	A	Ö	E	S	T	A	R	K	B	F	R	M	Z	E	G	N	A	O	B
B	T	F	ß	N	W	L	R	E	C	R	I	I	O	R	B	U	Q	R	K
T	T	L	E	P	Q	V	N	S	N	E	N	E	I	B	E	E	K	S	V
J	I	I	I	J	K	R	I	M	M	A	K	V	C	N	I	Z	K	N	C
I	M	C	L	V	Z	S	P	M	P	P	E	O	D	A	L	V	L	G	F
C	H	H	H	Q	B	W	I	A	X	N	N	U	I	F	E	N	K	P	V
R	C	O	C	Y	N	T	A	D	E	I	N	F	Z	Q	J	D	Q	E	E
O	A	L	S	Z	S	O	N	N	D	O	L	K	V	M	A	G	J	R	H
B	N	A	N	E	J	E	R	S	R	C	V	G	R	K	I	S	F	N	I
U	R	E	I	H	T	F	D	D	Q	M	M	T	O	B	D	M	G	R	C
S	E	D	E	A	N	B	E	S	M	X	N	T	P	C	X	E	U	Z	E
T	D	M	D	C	K	N	Z	N	I	N	T	I	I	B	X	W	S	D	M
J	E	E	M	E	T	P	G	B	C	Z	U	E	G	D	B	Z	I	O	A
S	I	I	B	L	J	D	V	M	M	L	U	P	M	K	H	H	N	G	Y
D	Q	X	I	B	W	E	H	L	J	D	Z	P	F	P	K	I	G	A	D
V	H	C	S	I	G	L	A	T	S	O	N	U	R	K	F	M	E	X	Q
D	H	D	W	Z	A	B	X	W	S	L	Q	P	N	Z	S	G	N	L	X

LA VOCE
BERE
SALVARE
DISORDINATO
MALEDUCATO
ROBUSTO
NOSTALGICO

IL POMERIGGIO
ACCANTO
INCLUDERE
CANTARE
I DATI
MASTICARE
FORTE

26

D	Y	O	O	Z	L	R	M	U	G	W	H	Q	V	K	N	E	R	P	O
Y	W	I	G	Y	N	Q	V	N	I	J	C	R	S	D	N	C	O	L	G
F	M	Q	S	N	N	Q	T	N	F	B	S	E	J	M	A	K	O	P	L
V	B	B	E	E	U	X	K	M	U	R	N	M	D	L	D	O	Q	U	F
F	M	L	G	N	S	E	K	A	E	T	C	M	Z	F	A	M	Z	Z	H
H	S	Q	M	R	N	Y	R	D	Y	F	K	I	D	O	S	O	H	F	C
V	J	R	M	A	C	F	N	V	E	A	O	Z	W	O	L	S	V	G	I
I	S	F	J	W	E	A	E	C	I	H	A	F	V	K	A	Y	E	F	L
S	Y	M	N	I	O	Z	O	X	A	C	G	A	L	L	N	D	F	B	D
B	N	G	D	V	S	O	O	W	T	S	G	L	Q	M	D	U	O	Q	N
Y	N	M	I	A	Y	B	E	A	Y	N	J	H	W	N	G	I	Q	V	U
B	X	C	N	V	Ü	B	G	J	N	E	K	C	E	R	H	C	S	R	E
M	O	F	B	R	T	B	P	F	X	S	Z	S	S	N	L	S	B	M	R
B	P	M	S	W	R	R	Z	Z	D	S	L	S	Q	Q	H	R	G	D	F
M	U	T	I	G	O	Q	P	C	F	I	C	A	B	R	P	A	I	C	U
E	E	X	Q	N	C	N	C	R	M	W	B	D	W	Q	J	E	P	P	G
N	H	L	E	U	K	D	Y	F	V	E	C	C	Q	N	I	X	F	P	R
G	R	G	S	R	N	S	R	V	D	I	O	J	C	D	Q	I	V	J	V
T	Ü	C	F	G	E	C	N	Y	V	D	R	J	E	F	Q	S	X	P	E
L	U	F	Y	Z	N	W	Q	I	K	R	U	E	L	Y	Z	W	R	E	T

AMICHEVOLE
L'IDEA
CORAGGIOSO
AVVISARE
ASCIUGARE
LA SCIENZA
SALUTARE

LA CAMERA DA LETTO
MENTIRE
LA MOGLIE
DIVERSO
LA TERRA
SPAVENTARE
SPAZZOLARE

27

T	B	S	U	P	C	Y	I	V	F	I	N	Z	M	O	M	N	Y	D	A
O	K	K	U	J	N	M	Z	P	R	B	V	E	R	T	R	A	U	E	N
Y	F	K	J	R	E	H	C	I	S	H	D	T	M	V	W	J	L	R	I
F	X	N	M	G	Q	V	Y	J	T	I	P	H	R	D	W	X	K	P	E
U	P	Z	T	X	Y	R	Z	O	E	F	H	L	I	Z	D	G	Y	A	I
W	Y	O	T	O	U	S	R	S	M	O	P	E	D	M	I	C	H	S	Q
C	K	V	L	U	U	X	O	B	M	V	O	K	Y	G	E	D	C	S	P
A	S	G	O	Z	A	F	D	E	O	R	P	U	Y	K	A	I	S	A	L
V	L	I	F	H	T	R	F	N	A	V	X	A	Y	D	U	E	Q	G	M
V	M	H	Z	W	O	I	T	N	I	D	T	H	A	V	S	A	F	I	G
K	J	U	A	T	K	P	G	R	F	P	F	C	N	O	R	N	N	E	H
W	M	R	L	R	S	E	G	A	E	N	S	S	Z	R	Ü	W	K	R	F
U	E	D	X	O	H	N	E	X	E	V	K	E	R	A	S	E	X	Z	Y
V	N	K	T	P	K	X	H	Z	J	V	C	I	Q	U	T	N	U	G	J
Q	Z	T	B	M	H	L	T	I	P	B	Q	D	N	S	U	D	V	B	M
I	F	T	L	W	M	I	Q	M	Z	F	T	Z	J	I	N	U	B	E	V
S	V	L	T	T	S	A	H	X	T	W	Y	Y	H	S	G	N	Y	H	S
Z	X	M	V	E	O	T	N	R	G	X	R	H	E	Y	Z	G	Q	C	L
O	Y	H	B	Z	J	O	V	B	S	L	L	T	L	C	Q	T	C	L	K
F	Y	Q	T	U	L	R	U	Q	A	T	H	N	L	D	R	W	J	C	T

AVANTI
FIDARSI
SICURO
FAMILIARE
L'EQUIPAGGIAMENTO
L'APPLICAZIONE
CALMA

POSSEDERE
LUMINOSO
IL SOFTWARE
L'ALTALENA
IL PASSEGGERO
L'ARANCIA
SENZA

28

W	N	W	F	Y	B	V	Y	S	X	U	P	V	X	G	P	M	Y	L	T
Q	Ö	J	F	A	J	V	G	I	X	L	O	Y	J	A	Q	W	R	U	O
W	H	D	N	I	K	S	A	D	H	J	R	M	Z	O	S	S	J	V	Q
V	C	K	T	K	M	A	L	I	R	X	T	Z	A	Y	B	G	I	Z	P
N	S	Y	K	L	G	V	C	O	M	H	N	N	J	E	P	N	D	V	X
M	Q	F	D	O	W	O	L	A	F	E	E	V	C	S	F	U	S	Z	F
D	I	E	N	A	T	U	R	K	K	F	B	S	P	L	P	L	O	Q	I
R	N	U	U	I	N	Y	I	F	U	O	H	X	Y	U	B	I	O	O	S
Y	P	G	K	Y	Q	C	L	L	N	V	C	Y	X	Y	F	E	G	B	O
D	E	R	R	E	I	C	H	T	U	M	I	H	T	K	V	T	K	P	K
J	Z	D	K	B	K	E	B	D	W	B	D	D	E	T	V	B	Q	N	C
P	S	Y	E	Y	C	I	D	L	I	B	O	X	D	N	Y	A	I	L	Q
L	A	U	M	P	A	N	N	J	I	I	N	N	N	E	G	E	W	E	B
T	L	O	V	V	N	F	Z	J	X	N	E	T	N	N	S	I	Z	S	R
D	Z	I	X	O	J	A	A	I	Y	B	K	V	D	U	E	D	Z	P	M
K	I	A	T	X	S	N	C	F	I	N	I	E	U	Z	F	U	A	N	B
Z	G	D	K	Z	Q	G	A	E	Y	N	R	J	N	E	Q	K	N	O	U
I	M	V	N	R	J	E	R	U	L	L	P	N	P	K	S	O	I	J	K
M	P	S	A	W	S	N	D	E	R	B	R	U	D	E	R	G	T	U	N
D	I	E	V	E	R	S	I	C	H	E	R	U	N	G	S	I	T	A	X

LA RICCHEZZA
SALATO
LA NATURA
BELLISSIMO
BOLLIRE
SU
IL DIPARTIMENTO
STROFINARE
LAMPEGGIARE
L'ASSICURAZIONE
INTRAPPOLARE
IL BAMBINO
IL FRATELLO
SPOSTARE

29

M	B	D	D	S	Z	D	L	Y	W	Z	N	A	K	P	G	T	F	Z	N
C	O	K	E	R	W	J	X	V	V	Z	W	G	H	I	A	G	G	W	E
Y	X	I	U	V	I	O	H	D	X	T	V	C	Z	E	Q	Q	E	D	N
N	A	K	O	R	S	T	E	M	X	Y	I	R	Y	U	U	V	G	W	N
T	M	Q	S	Q	C	R	Y	T	N	L	E	W	B	A	C	K	E	N	Ö
Y	K	R	E	H	H	W	J	G	D	H	G	Z	D	Z	O	P	N	A	K
D	I	Q	Z	A	E	J	F	Ö	T	N	M	R	Q	N	G	G	T	G	S
E	M	X	K	O	N	J	T	U	C	Z	A	F	V	B	T	Y	E	L	A
R	R	E	A	F	Q	C	G	E	C	T	Z	T	D	J	L	S	I	T	D
B	N	A	U	F	S	C	H	L	I	E	ß	E	N	U	M	L	L	S	V
U	E	L	S	R	E	T	T	I	B	X	B	T	O	U	M	L	Z	P	K
C	H	S	D	R	S	N	W	T	H	U	Z	W	R	J	E	U	U	I	E
H	Y	S	T	K	F	F	M	F	P	N	C	V	I	D	Z	Y	Q	E	P
S	D	T	V	L	Q	O	S	J	W	L	V	X	N	T	P	K	D	L	P
T	B	X	R	N	D	Z	S	T	N	E	D	I	S	Ä	R	P	R	E	D
A	E	S	U	D	J	N	I	M	A	R	E	A	Z	B	Y	T	R	N	S
B	K	I	M	K	Q	U	M	P	Y	O	B	U	O	A	M	B	P	P	F
E	Y	F	S	N	L	K	J	I	Q	Y	D	E	N	H	H	S	M	Z	P
B	D	A	L	J	B	H	Q	W	M	B	O	Q	F	D	Q	W	I	F	D
Y	G	E	C	T	Y	I	F	Y	S	X	G	U	Y	H	I	A	G	I	D

LETALE
FRA
L'ABILITÀ
LA LETTERA
AMARO
L'UNCINO
SBLOCCARE

CUOCERE AL FORNO
PIAZZA
OPPOSTO
IL PRESIDENTE
GIOCARE
CORTO
DI BUON CUORE

30

Q	Y	R	K	N	K	P	Q	Y	T	A	W	H	A	G	N	Z	U	R	O
G	I	S	E	I	R	C	X	J	I	O	Q	H	G	X	H	S	C	B	U
V	O	E	H	F	D	H	O	H	R	Y	M	F	U	N	A	Z	P	L	X
D	Q	T	B	P	I	T	O	Ü	Z	C	R	D	T	T	B	F	X	A	Z
I	M	N	I	Y	E	Z	B	N	J	A	K	G	A	D	O	C	G	H	C
E	B	E	U	R	M	S	G	Q	L	L	Q	C	O	M	T	D	Y	R	N
B	K	E	Z	T	A	D	Z	I	N	C	O	U	E	P	U	S	J	E	A
E	P	I	C	D	G	X	E	B	T	L	W	R	R	Y	A	H	C	T	O
S	G	D	L	C	I	P	Z	A	A	Ä	F	T	T	J	E	R	W	N	K
C	C	H	M	I	E	U	L	L	D	U	T	D	G	W	I	V	I	U	F
H	A	K	D	N	E	H	E	S	S	U	A	T	U	G	D	Q	F	A	Y
R	K	X	L	I	D	L	U	A	K	B	O	G	L	U	M	Q	L	N	L
E	T	O	W	F	Z	P	Q	Y	H	Z	K	R	D	A	J	S	Y	Z	U
I	E	H	Q	B	S	G	B	Z	L	V	Y	Q	B	A	W	K	D	I	U
B	N	D	G	F	G	O	E	F	K	W	O	H	H	S	F	E	M	E	V
U	C	J	R	F	V	U	T	B	B	B	Z	F	P	Q	Y	B	G	H	Y
N	H	W	I	B	R	N	T	U	D	A	S	H	A	N	D	Y	F	E	V
G	D	E	R	K	R	A	G	E	N	S	O	U	X	J	O	R	D	N	A
B	Y	S	M	B	P	E	N	N	T	A	R	D	A	U	Q	S	A	D	F
P	X	A	B	L	A	H	R	E	N	N	I	K	K	A	V	C	V	O	T

IL CELLULARE
LA PIAZZA
SOTTO
ENTRO
VIOLENTO
LA DESCRIZIONE
L'AUTOSTRADA

L'UFFICIO
BELLO
ENORME
L'ANATRA
IL COLLARE
ATTRARRE
LA MAGIA

31

P	T	U	F	H	X	A	G	C	N	P	F	C	B	R	G	Q	S	Y	K
Q	C	O	W	X	B	S	A	K	Q	T	U	D	I	I	J	A	Q	M	C
E	O	L	T	Z	N	S	H	J	Q	J	Q	O	T	R	Y	I	B	D	P
H	K	D	G	I	R	E	I	W	H	C	S	X	Y	I	G	W	W	A	Z
C	E	J	A	U	N	P	A	E	O	X	C	W	M	B	I	E	G	E	N
S	L	L	P	O	H	C	S	I	T	S	N	E	P	S	E	G	I	Y	L
R	E	O	N	B	T	J	S	D	T	F	I	C	L	C	Y	M	S	T	E
I	Z	A	Z	Z	L	J	M	T	A	V	W	E	E	H	G	E	R	Q	Z
K	G	Z	E	C	M	F	P	Y	S	S	W	W	M	W	F	H	T	Q	T
E	L	G	X	V	Z	R	J	A	I	H	M	K	N	A	L	H	C	S	D
I	O	D	V	J	X	U	V	C	S	C	A	E	T	C	W	M	V	Q	D
D	X	R	W	E	U	M	M	B	A	I	G	O	T	H	J	W	M	L	H
R	H	P	G	K	M	D	S	G	K	E	I	N	K	A	U	F	E	N	O
Q	W	F	K	D	B	A	S	A	L	R	S	F	A	J	L	G	K	S	L
T	Z	A	Q	V	E	S	H	A	A	F	C	C	F	C	Y	L	N	K	P
Z	T	Z	W	X	O	M	E	F	L	L	H	E	Y	A	K	F	K	I	E
E	N	T	K	I	I	E	E	O	P	I	S	R	E	V	N	E	M	X	R
X	L	W	X	D	G	N	K	K	N	H	Q	B	J	B	R	W	R	G	I
R	U	M	F	A	S	Ü	X	P	I	S	F	J	I	R	Z	V	N	I	G
G	H	A	N	Z	W	O	H	N	U	N	G	M	V	X	M	E	D	A	P

COMPRARE
MAGICO
MAGRO
PIATTO
STRETTO
PROTUBERANZA
IL METALLO
IL MENU
SINISTRO
UTILE
LA CILIEGIA
INCHINARSI
DEBOLE
DIFFICILE

32

C	F	U	F	O	Z	V	S	W	O	X	Z	V	E	E	I	M	N	Q	S
V	M	R	P	V	M	L	S	H	U	V	T	G	G	R	L	F	J	B	K
X	D	U	B	A	T	D	E	R	S	A	F	T	D	M	J	A	Y	M	W
F	I	S	N	K	K	A	I	Q	N	N	B	Y	K	U	L	U	I	L	A
Z	E	C	C	I	H	X	D	V	E	R	W	A	L	T	E	N	B	E	Q
N	B	H	W	S	O	A	Q	U	G	T	U	W	H	I	G	B	E	M	G
O	I	L	N	U	W	H	J	G	N	I	F	M	C	G	N	L	S	S	A
A	B	I	G	M	H	W	Y	A	U	Z	P	O	I	E	J	E	C	T	U
P	L	E	E	E	T	Q	R	U	T	C	Y	Y	Y	N	F	V	N	R	N
P	I	ß	B	I	A	E	C	T	I	T	D	Q	U	E	N	E	E	C	J
X	O	E	R	D	C	B	L	F	E	R	L	O	V	T	T	A	S	R	U
K	T	N	A	V	A	V	Y	Z	Z	N	S	S	Z	E	I	D	S	V	U
M	H	L	U	J	C	S	L	D	E	W	M	O	P	T	K	I	A	O	E
X	E	J	C	R	O	H	A	M	I	Y	Y	M	O	J	V	R	L	O	I
G	K	W	H	A	N	F	T	N	D	I	O	H	Y	S	N	R	K	Y	K
A	M	P	T	W	E	F	L	J	G	K	N	X	O	L	O	S	E	K	P
V	N	O	O	Y	F	U	U	Y	N	E	E	K	C	X	X	G	I	X	X
G	J	V	X	F	Ü	Y	U	I	D	X	B	L	W	T	C	Y	D	Q	A
Y	M	Q	D	D	R	R	H	G	S	Y	Z	O	F	U	W	L	T	B	J
V	G	M	G	W	P	C	F	U	H	Z	W	L	T	D	H	W	J	W	F

INCOMPETENTE
SCIOLTO
IL SUCCO
LA MUSICA
TABÙ
USATO
CHIUDERE

LA CLASSE
ESAMINARE
INCORAGGIARE
L'OFFERTA
GESTIRE
IL GIORNALE
LA BIBLIOTECA

33

D	A	R	S	A	D	C	H	G	O	L	G	L	X	L	G	G	E	L	B
A	C	G	Q	D	E	R	Z	E	H	Q	W	S	Z	J	P	I	C	D	F
V	W	J	G	W	G	A	Y	U	C	L	B	R	W	Q	S	N	N	T	O
J	K	A	P	S	F	S	U	Q	B	L	X	Q	U	N	P	Ö	U	Z	V
D	V	G	E	H	C	N	A	R	B	E	I	D	U	G	I	K	Ü	A	P
L	K	E	C	A	W	Y	V	D	A	S	E	S	S	E	N	R	B	R	V
Y	W	N	T	K	U	K	L	O	P	F	E	N	V	A	A	E	E	Q	F
N	M	F	E	T	H	Q	J	D	S	W	T	M	C	D	B	D	R	V	B
J	U	H	E	I	R	U	J	D	R	T	I	P	P	E	N	P	P	S	J
K	J	F	R	G	F	M	S	S	A	D	E	Z	Y	O	V	L	R	S	S
E	H	A	R	B	D	E	W	T	C	S	L	V	E	B	E	J	Ü	R	Q
A	B	Y	H	M	W	H	N	V	E	E	Z	W	R	V	M	P	F	K	R
R	R	P	H	R	S	L	P	W	B	N	C	U	Y	T	F	L	E	B	D
V	I	T	Y	P	I	R	H	B	B	Z	N	F	H	B	C	S	N	F	N
W	A	L	Y	O	X	C	X	C	K	U	F	K	L	A	T	I	E	Q	H
V	J	A	O	H	Y	Q	O	H	F	C	G	J	D	O	U	Z	S	G	S
T	W	Q	N	Z	I	K	E	K	T	K	Q	P	G	K	K	S	D	Z	D
O	I	J	Q	L	T	K	G	C	M	E	Z	O	N	R	B	E	E	J	F
I	T	V	E	C	F	K	G	R	O	N	C	V	E	H	N	A	R	V	U
S	U	P	R	Y	F	I	Z	A	N	M	D	J	Q	T	I	F	F	S	K

PIZZICARE
LA RUOTA
TOSSIRE
IL RE
LA PUNTA
CONTROLLARE
LA CASA

IL CIBO
L'INDUSTRIA
GIALLO
INSEGUIRE
BUSSARE
DIGITARE
SCROLLARE LE SPALLE

34

T	A	F	P	B	X	U	K	I	G	A	V	I	H	U	R	S	D	U	L
G	S	H	R	F	B	R	J	Z	A	E	M	V	Z	L	A	N	J	J	A
D	E	R	F	R	E	U	N	D	E	E	I	T	H	X	B	E	K	M	Z
T	A	P	D	X	E	T	L	B	V	U	C	R	L	Z	S	V	T	X	W
K	W	T	R	V	E	G	F	K	D	S	S	L	K	M	S	T	B	I	Z
Q	A	I	D	E	A	Z	M	U	Q	K	E	S	W	R	E	I	U	L	F
T	P	E	C	Z	D	W	X	T	D	U	I	E	P	C	E	L	C	A	N
K	W	A	W	O	H	S	Z	G	T	R	G	O	N	H	M	D	S	F	L
C	B	C	T	U	N	R	R	I	H	F	E	W	N	V	I	S	M	Y	K
A	R	L	Z	Q	W	S	R	T	F	Q	X	D	I	V	K	J	I	N	A
S	A	T	D	R	L	I	S	F	R	R	F	L	S	C	Q	F	E	Z	J
K	H	E	I	B	P	C	Z	Ä	C	P	J	L	R	U	L	L	C	C	Q
C	U	J	E	S	N	H	S	H	L	W	T	U	E	K	O	Q	B	M	A
U	I	S	C	P	P	T	J	C	E	S	H	H	D	H	P	T	L	Ü	E
R	Q	I	R	S	J	R	F	S	C	A	Q	N	C	L	V	K	B	M	R
R	I	E	E	X	C	A	M	E	Y	A	Y	L	B	E	K	E	E	E	C
E	T	V	M	W	Q	U	J	B	G	T	G	I	F	K	R	M	H	Y	W
D	Y	W	E	E	X	E	J	C	G	G	F	G	S	E	X	S	O	I	T
P	H	K	D	L	O	N	Z	Y	H	T	P	F	Q	B	O	X	A	M	V
G	U	U	F	X	L	M	V	Y	F	C	N	S	U	O	G	L	Q	D	Y

RUMOROSO
A PRENDERE
COMMESTIBILE
OCCUPATO
LA CREMA
SPIRITUALE
OSARE

LA DESTRA
LA GUERRA
IL PROFUMO
IL SENSO
SOPRA
IL FIDANZATO
LO ZAINO

35

Q	B	G	N	M	D	M	O	N	F	V	T	L	G	P	K	D	T	O	E
V	Q	C	P	P	D	P	O	L	D	Y	G	H	E	U	D	C	R	P	T
J	P	E	F	G	I	T	H	C	I	S	R	O	V	U	P	A	W	V	I
H	N	I	C	P	D	A	S	H	O	B	B	Y	H	M	N	V	E	N	E
K	L	D	E	U	O	K	K	T	B	N	I	N	L	G	F	L	T	U	W
L	D	L	V	O	Z	D	E	R	N	O	R	D	E	N	R	Y	U	J	H
D	U	N	B	N	R	E	H	C	A	R	P	S	E	I	D	M	T	J	C
E	M	U	Y	L	S	Q	V	U	T	G	D	E	R	S	T	E	I	N	I
R	Y	B	B	N	T	K	E	E	H	X	S	H	A	L	F	L	Z	S	E
H	R	H	A	J	S	A	D	G	I	A	C	P	X	D	X	H	U	A	R
I	H	W	F	T	G	U	J	J	T	S	Q	U	K	I	N	V	M	G	E
M	Y	K	H	G	G	E	G	X	I	T	M	O	N	E	Q	E	G	S	I
M	E	U	D	K	P	D	I	N	F	U	B	X	R	S	B	Y	T	T	D
E	R	O	F	A	P	N	A	K	L	G	Z	C	H	C	K	D	H	Ü	E
L	S	D	O	D	D	G	E	O	T	N	J	M	O	H	W	L	N	O	W
G	U	D	A	S	R	U	N	G	O	T	E	T	R	N	T	A	S	L	N
A	I	K	G	O	X	C	F	N	B	M	X	Z	F	E	I	B	O	V	E
P	N	V	S	T	N	E	D	N	I	B	R	E	V	C	I	R	Q	Y	C
B	T	F	R	C	J	A	I	S	G	M	G	B	U	K	M	C	D	J	E
E	W	V	V	I	I	X	Z	M	Y	K	J	Y	E	E	Q	V	D	I	E

BIOLOGICO
L'HOBBY
L'ANNO
LA GAMMA
LA LINGUA
LA LUMACA
LA ROCCIA

ARRABBIATO
ATTENTO
IL NORD
ARANCIA
RUVIDO
PER CONNETTERE
IL CIELO

36

H	A	I	F	N	N	U	K	Y	A	Q	A	J	D	Y	W	J	P	X	Y
C	R	X	D	P	E	E	R	W	U	J	O	H	T	D	R	T	G	M	J
S	Q	V	V	R	N	I	I	L	V	K	C	T	H	B	N	R	C	I	S
I	O	M	K	S	R	Z	N	O	A	U	N	T	E	R	Ü	H	D	Z	E
T	F	R	Y	X	E	B	F	Y	Q	D	W	P	H	L	E	B	P	K	C
S	V	Z	D	G	F	W	J	B	A	Q	R	E	L	J	D	J	E	X	W
A	W	E	X	K	T	B	C	S	P	R	D	O	F	S	U	O	L	R	M
I	E	O	Y	E	N	D	T	T	P	L	V	I	Y	E	B	Q	S	Z	V
S	B	T	Z	W	E	R	V	R	I	T	U	Z	S	N	I	I	N	W	K
U	S	Z	H	D	E	J	V	B	R	I	D	L	L	P	D	T	C	U	C
H	B	E	P	F	Z	E	S	E	E	S	Q	T	X	S	P	R	E	H	L
T	W	B	F	H	L	A	W	D	U	F	L	H	B	V	H	G	C	I	W
N	X	E	V	M	D	W	Q	I	A	W	Z	H	I	Z	P	S	K	M	D
E	N	S	U	E	Q	C	A	E	M	U	X	S	D	C	I	L	B	N	U
J	B	Z	H	J	P	X	U	S	E	K	G	E	Z	R	S	J	E	N	R
T	F	E	I	E	I	I	E	E	I	M	Z	L	T	F	P	B	X	X	G
L	W	M	L	T	W	P	L	I	D	K	Z	K	S	B	Ü	G	N	U	M
X	T	X	Q	N	Z	I	Y	F	X	H	E	N	E	F	U	A	L	Y	U
V	O	C	B	M	P	Q	G	E	Q	L	U	X	T	J	P	I	U	A	J
M	D	A	S	K	R	A	N	K	E	N	H	A	U	S	C	L	Y	G	R

ENTUSIASTA
ELETTRICO
LA FOTO
L'INCONTRO
ATTRAVERSO
ESERCITARSI
SOTTO
IL SAPONE
L'OSPEDALE
CORRERE
RIMUOVERE
PREZIOSO
IL MURO
LA PROFONDITÀ

37

V	C	M	W	D	A	S	G	E	S	I	C	H	T	S	J	D	J	H	H
F	Y	B	E	F	R	I	E	D	I	G	E	N	D	Z	I	V	H	B	W
O	H	T	B	Z	X	V	I	R	Y	D	L	K	B	T	A	E	L	Y	N
M	V	B	D	U	Q	N	Q	I	T	K	E	F	E	D	D	I	I	P	N
N	I	U	K	H	H	L	G	H	B	M	N	R	U	O	A	T	D	E	P
E	E	Y	I	E	L	I	N	K	N	V	O	N	F	R	S	S	R	R	A
H	D	H	R	U	N	O	T	B	J	R	M	E	P	E	V	N	I	F	N
V	N	M	T	G	E	X	P	K	H	I	E	E	L	V	E	P	B	J	G
D	E	D	P	D	T	B	J	M	L	P	J	E	Q	L	R	T	K	K	J
E	G	A	O	R	L	P	X	O	B	Y	Y	W	V	U	B	D	T	J	Q
C	L	S	J	Q	A	N	N	C	Z	W	U	W	V	P	R	N	G	V	F
C	O	G	R	L	H	W	E	U	T	I	W	N	S	S	E	G	T	P	F
Q	F	E	Z	X	T	T	X	T	F	T	I	K	U	A	C	W	M	Y	I
A	P	F	C	C	N	F	Q	X	E	A	L	N	N	D	H	B	R	E	F
S	L	Ä	F	L	E	Y	O	X	V	R	X	N	B	G	E	F	Q	S	P
D	X	N	W	N	E	G	M	X	A	R	T	B	D	L	N	X	W	U	R
V	Q	G	E	W	U	V	D	W	C	I	N	D	Y	O	M	W	C	K	E
E	S	N	J	S	L	Q	E	X	D	E	R	A	R	T	I	K	E	L	D
K	E	I	T	D	I	H	B	R	E	S	O	X	J	F	A	A	Y	L	N
Z	P	S	I	E	R	R	E	D	R	E	D	E	D	Z	F	Y	J	O	N

SEGUENTE
LA FACCIA
IL CARCERE
L'ARTICOLO
SODDISFACENTE
IL FISCHIO
CONTENERE

DIFETTOSO
IL RISO
GIGANTE
IL CRIMINE
INTELLIGENTE
CALCIARE
LA POLVERE

38

A	T	B	M	Q	I	I	H	T	I	N	F	Z	W	D	G	H	U	P	A
L	T	P	F	P	G	L	J	N	T	T	A	U	W	K	I	H	C	G	M
X	S	C	W	K	I	Q	K	C	K	P	G	F	H	G	W	I	N	D	H
N	E	K	C	E	D	T	N	E	N	D	J	I	P	P	I	V	Y	L	R
Z	Q	N	W	O	L	L	E	N	E	E	W	A	K	V	I	J	P	H	B
F	L	U	F	Z	Q	S	Z	B	U	R	B	B	C	C	E	P	U	Q	O
H	G	E	S	J	H	S	K	T	C	V	Y	E	U	U	O	E	K	Y	Z
T	L	E	W	E	I	D	K	A	G	O	S	F	B	U	I	L	I	E	O
V	M	C	A	U	O	Y	J	Y	E	G	K	Y	W	D	L	V	L	N	O
G	N	C	R	I	C	Q	I	S	G	E	A	T	O	W	R	C	U	X	V
Z	R	U	G	F	O	U	W	E	H	L	L	C	Q	Z	K	E	U	L	W
D	E	R	D	I	N	O	S	A	U	R	I	E	R	C	F	M	S	M	Z
W	V	A	B	W	C	C	D	A	S	P	R	O	D	U	K	T	H	A	P
W	V	K	D	A	R	A	U	F	H	I	N	W	E	I	S	E	N	S	D
S	E	Q	U	C	T	F	G	J	B	W	L	W	J	G	I	A	R	T	E
T	P	I	N	E	H	E	G	E	T	N	E	R	N	I	Z	D	X	L	S
F	I	V	N	O	T	E	B	P	U	G	J	A	F	T	Q	U	N	E	P
K	J	E	S	J	X	Z	A	U	M	N	E	Z	H	C	Ä	K	T	S	P
F	Y	O	W	D	R	G	V	L	J	A	H	I	U	W	X	U	L	S	S
I	V	S	N	T	D	O	K	B	S	M	C	J	F	K	S	G	I	W	P

L'OROLOGIO
LONTANO
STRANO
IL MONDO
L'UCCELLO
ANDARE IN PENSIONE
GEMERE

VOLERE
INDICARE
IL PRODOTTO
SCOPRIRE
IL TERREMOTO
IL DINOSAURO
RICCIO

39

O	I	D	C	O	A	V	N	F	A	C	F	I	L	F	L	P	V	O	C
E	D	J	Z	D	B	G	S	I	J	V	O	L	S	O	F	O	O	S	N
D	C	E	H	L	N	E	K	N	A	D	E	B	H	C	I	S	S	B	L
I	G	N	R	L	Z	H	F	K	T	N	D	I	E	M	E	D	I	E	N
E	H	P	C	S	I	N	O	J	H	R	N	J	U	L	F	H	I	W	P
F	Z	O	K	J	T	E	Z	C	U	A	D	D	V	D	K	Z	P	E	C
L	Q	H	N	B	N	E	S	G	N	N	Y	R	D	E	M	N	Y	X	S
Ü	T	H	F	L	O	B	R	I	I	R	S	Z	E	T	X	E	U	E	K
S	R	O	V	X	F	E	L	N	E	L	S	D	G	F	D	S	Q	Z	E
S	U	Q	A	M	Q	D	T	Q	H	C	U	K	J	U	P	Y	P	K	F
I	R	H	G	E	E	U	D	U	J	A	L	N	J	I	W	S	V	T	D
G	P	V	A	E	E	O	T	B	O	S	F	C	W	R	K	L	A	Y	E
K	G	T	J	G	T	C	W	G	P	G	R	P	N	U	C	X	U	D	X
E	I	L	T	D	N	A	T	Y	M	O	E	Z	R	A	W	H	C	S	C
I	N	Z	G	B	V	C	P	B	Y	P	D	V	C	T	A	Z	W	K	R
T	O	A	A	J	R	S	M	I	M	I	I	F	O	R	R	S	L	F	X
C	E	V	W	E	P	E	V	Q	T	G	J	W	V	F	L	O	N	V	F
C	Q	H	Q	K	M	O	I	E	G	A	R	F	E	I	D	T	T	A	W
W	O	L	G	M	L	W	L	T	A	J	S	X	M	Z	L	F	A	Z	U
V	Z	M	R	L	E	B	E	N	R	E	D	Z	R	Q	C	A	G	X	J

PER RINGRAZIARE
PIENO
LA DOMANDA
IL LIQUIDO
FORMOSA
NONOSTANTE
LA STELLA
LA NEBBIA
IL FIUME
AMPIO
NERO
I MEDIA
IL CAVALLO
VELOCE

40

G	Q	B	D	A	G	B	X	R	E	J	C	L	I	C	A	H	F	S	Y
I	M	N	X	L	U	T	E	M	Y	F	I	L	Y	Z	Z	I	Z	V	H
N	H	V	A	S	E	I	X	F	T	V	D	M	U	J	D	X	W	K	C
N	N	K	U	Y	T	G	C	L	L	U	C	E	P	K	E	W	Z	P	S
I	B	P	J	S	A	X	Ü	G	K	C	I	E	R	Y	U	N	Q	V	I
S	Y	O	A	D	J	S	O	L	V	B	T	X	D	G	D	Z	Q	E	G
T	X	D	Y	A	O	N	E	T	F	V	X	P	W	L	E	O	R	Z	R
H	L	B	W	F	H	K	D	N	G	R	C	L	C	T	K	R	S	U	E
C	I	G	W	Z	D	D	I	E	K	D	E	O	T	E	L	N	U	E	N
I	A	Y	V	R	E	D	V	M	S	H	A	D	G	Z	Y	G	N	C	E
E	M	K	K	R	K	U	S	U	D	V	C	I	Z	Q	Z	X	L	N	H
L	A	H	O	C	N	F	A	G	A	H	E	E	Q	S	B	C	G	H	B
F	K	F	E	F	H	O	D	R	S	T	M	R	U	S	A	B	M	O	J
H	E	P	U	N	H	J	Y	A	G	S	Q	E	B	E	K	K	J	A	L
N	T	G	Z	D	E	Y	L	S	E	A	B	N	O	E	I	V	K	Z	D
Y	G	V	S	E	O	G	S	A	W	Q	P	J	I	T	S	J	I	T	O
T	I	S	O	F	S	X	N	D	I	S	F	J	Z	H	W	S	B	V	L
C	S	M	L	E	N	J	L	A	C	P	C	E	P	O	X	H	E	I	Q
G	T	B	Y	B	D	I	E	Z	H	V	L	A	A	K	S	M	J	R	X
H	Y	B	W	C	E	X	K	Y	T	N	G	I	K	L	O	W	R	K	N

MIGLIORARE
L'ALA
L'ODORE
IL FORNO
NEGLIGENTE
FARE IL SOLLETICO
ESPLODERE
PIACEVOLE
ENERGICO
IL VIDEO
IL PESO
NUVOLOSO
L'ARGOMENTO
L'ANIMALE

41

T	M	L	J	G	L	M	N	Q	D	Z	N	E	L	L	A	N	K	D	V
G	B	C	Q	A	I	Ä	L	J	H	Y	I	X	N	F	L	J	T	I	O
A	F	X	E	U	C	T	K	N	E	H	C	S	E	G	S	A	D	E	M
L	I	B	N	H	I	U	H	H	F	K	J	P	E	V	F	N	N	S	I
E	T	P	S	G	Y	B	J	C	H	B	N	Q	J	E	L	D	P	T	N
S	Y	T	T	C	O	E	F	Y	Ä	Q	L	E	H	F	E	C	Z	R	R
S	E	Q	B	U	K	I	J	V	M	M	X	D	Y	R	Y	J	Q	A	N
Ü	N	G	E	G	E	A	U	Y	G	D	P	Y	S	S	Z	M	M	T	E
L	T	H	C	I	D	E	G	S	A	D	B	C	X	S	G	E	Y	E	R
H	D	I	I	J	A	U	R	V	T	Q	H	T	S	R	B	N	X	G	E
C	M	W	J	Q	I	H	Q	V	X	L	C	M	B	Y	S	W	T	I	I
S	Q	E	T	U	N	P	C	Y	A	B	D	Q	H	U	Z	X	G	E	T
R	Y	B	U	L	T	B	Q	U	Z	N	W	Y	X	N	Z	N	O	F	N
E	H	J	G	I	N	S	C	D	C	S	H	R	X	E	E	E	C	G	E
D	G	L	O	Z	V	H	O	Q	V	L	J	S	J	U	C	R	K	Y	M
N	C	Q	U	N	K	O	I	L	S	F	A	X	R	G	F	Z	H	W	U
K	O	S	J	A	H	E	M	C	I	F	U	Q	L	Z	P	D	U	Ü	G
X	C	L	T	N	D	I	E	K	A	M	E	R	A	P	J	U	N	G	R
F	N	I	B	L	A	N	A	K	R	E	D	R	H	I	D	Z	A	J	A
Q	Z	S	F	X	X	S	Y	M	O	X	D	X	U	E	H	O	C	H	U

COLPIRE
GIOVANE
IL CANALE
POTENTE
LA FOTOCAMERA
PROSSIMO
IL TUBO FLESSIBILE

IL REGALO
MESCOLARE
LITIGARE
LA STRATEGIA
IL TASTO
SU
IL POEMA

42

E	L	T	F	Y	T	C	N	U	D	W	V	T	I	I	I	S	E	U	G
X	O	E	P	A	Z	A	C	E	O	F	T	A	Q	F	N	V	H	P	F
E	W	E	Y	G	Y	L	U	R	K	K	Z	Y	E	F	O	J	A	V	D
D	O	A	P	A	K	F	I	V	N	C	L	E	Z	V	B	E	T	J	D
U	D	I	E	B	I	L	D	U	N	G	E	E	I	M	W	R	P	D	W
L	T	T	M	L	S	E	L	T	E	N	C	L	Q	D	U	G	P	E	P
T	E	A	F	I	P	N	S	H	D	E	R	S	P	I	E	L	E	R	C
I	A	S	O	V	S	M	E	T	R	B	M	K	G	E	D	K	J	D	U
S	T	S	Z	E	O	C	X	H	L	K	W	B	A	M	A	O	A	I	S
Q	Y	W	I	N	B	G	H	Y	E	F	G	Q	Z	I	J	Z	D	A	R
H	L	F	O	F	Ü	O	Y	E	K	I	Z	U	V	T	O	S	U	M	N
T	T	K	M	V	M	T	F	D	N	A	Z	W	K	T	V	H	J	A	A
E	T	W	F	N	M	U	Z	D	U	K	E	S	E	E	F	Q	B	N	N
T	X	R	D	B	G	E	K	L	D	H	Y	T	U	I	X	T	G	T	T
W	O	A	U	Z	G	L	Q	H	I	N	H	E	P	A	F	C	O	U	O
C	V	N	H	W	Q	W	Q	G	Z	C	R	O	E	M	B	E	Q	J	B
M	O	O	Z	D	E	R	F	L	U	G	H	A	F	E	N	Q	L	R	I
O	U	A	L	B	K	I	X	R	S	L	Y	F	S	X	M	I	O	N	N
A	W	X	H	E	P	Y	F	T	K	K	P	L	G	T	M	D	T	A	X
R	Y	O	L	I	D	A	S	B	E	I	S	P	I	E	L	E	W	R	M

L'EDUCAZIONE
IL DIAMANTE
RARO
BLU
LA METÀ
DUBITARE
MESCOLARE

UTILE
L'ESEMPIO
SPOGLIARSI
LECCARE
IL GIOCATORE
L'AEROPORTO
BUIO

43

F	Q	T	T	P	W	T	G	O	K	Q	M	N	H	G	P	A	I	A	K
E	T	O	N	E	I	D	W	L	U	D	K	Q	A	F	Y	E	P	H	U
T	L	C	D	R	R	A	N	G	I	S	E	D	S	A	D	Q	I	C	V
Y	S	L	W	E	P	T	I	N	E	G	I	T	S	E	F	E	B	U	K
S	V	M	T	T	S	S	A	Y	K	N	U	U	Z	P	H	F	K	J	X
T	O	N	N	A	M	E	H	E	R	E	D	T	Q	P	G	S	G	S	A
B	U	A	X	I	D	I	J	D	M	Y	V	P	M	R	K	J	F	D	U
Z	L	A	S	S	A	D	P	Q	Y	N	R	X	B	I	S	P	H	H	P
E	B	A	G	F	U	A	S	U	A	H	E	I	D	V	Z	K	U	T	Y
A	Q	Y	F	K	U	G	O	I	H	K	S	B	P	A	Y	L	J	W	N
D	N	D	G	H	L	N	A	K	R	E	R	S	E	T	Z	E	N	F	E
H	I	I	P	D	P	O	N	I	Q	X	L	F	I	G	R	I	O	N	X
L	X	E	F	U	I	P	H	P	Z	E	R	T	O	E	Z	G	S	A	M
O	T	B	N	R	F	E	C	L	B	E	G	E	I	L	F	E	I	D	Q
P	T	R	I	J	Y	S	S	A	Q	H	L	H	Y	Ä	Z	Y	Q	Q	O
V	H	Ü	Q	T	W	D	K	C	O	C	V	W	S	N	H	H	X	S	G
Y	F	C	D	R	J	S	E	Z	H	Y	C	U	V	D	L	V	V	G	V
C	M	K	Z	I	A	K	Q	W	E	E	C	J	G	E	C	N	H	V	N
M	U	E	O	D	F	K	B	Q	H	S	R	W	V	Q	X	I	H	Q	S
N	Q	T	I	J	W	X	O	M	K	C	A	E	A	E	B	V	G	O	Q

PRIVATO
IL VOTO
LA CITTÀ
ALLEGARE
IL SALE
IL PONTE
IL DESIGN

SOTTO
RIMPIAZZARE
LA MOSCA
IL MARITO
LE FORBICI
IL CAVO
I COMPITI PER CASA

44

G R M L W Q N I D N U E R F E I D F G X

M A M O H C R U D C E A T B Y R G Z U S

J C S Q K U A V Y Q L I N V D I L F C L

Y U O A S Z E S L V Y L E T B W R F E K

O Z S N F I B P G H V I M A F G S M D C

G T K L Y O I C N L S H O P Q M U H V W

K E M C P J E X U F Y P M I Z K X S P N

A S M A R I Z V T Q K X R F A A U L O E

C E P V N N H O R R R S E O M X O R T T

S G R J E M N I O N D L D D A A G C L S

P S H B I L Y T W E U I O G I Z T I W I

E A Z W E O S S T R L A Z L W C K S O E

R D L P H H L H N Ö X V K K T F S H H L

F K T R C B W G A H Z Q N G S S E A B H

E R M Q R L X Q R E S E D F R R H S P C

K G H P I I Z J E G S L Y H R J Ü J H I

T X Ü F K L U X V S S Z L L A Z B Z E S

V N R V E V E S E U V Z I E Q H S D S Y

G E E M I J A O I P B C V O R S C S A G

E N B P D K I F D B H G O A V J H V N O

LA CHIESA

FAMOSO

IL MOMENTO

APPARTENERE

LA RESPONSABILITÀ

LA LEGGE

PERMETTERSI

MAGNIFICO

BELLO

LA FIDANZATA

PERFETTO

ATTRAVERSO

MANGIARE

SPIRITOSO

45

E E K R A M F E I R B E I D V V G P E L
W C Y V T X E F O D P Ö F F N E N F I G
K H J B E B Z Q K A X U D Y F O R A G Z
A N S P R U C H S V O L L D L G M O O N
Q V T A R I W D I W W O I I H R M F L G
D N N G F Z A R J Y P E T E V H D S O T
K I R Z E K Z M D R S T P F H K I X N H
T C E D I E T A S C H E G L K H G I H C
R H X U E F M E H D O H Z A M I Y R C G
E F R D M V K L C M B Y X G B C R G E Z
S P D O V G A A N Y Y V U G D K R N T U
S Y K V D N E W U E Y T S E P O X D E Y
E Z C Z G I I B R B N V O O ß W W W I W
D S R E N G E P U C M Z R A N Z L L D U
S H A R S K R S L N I R R J M W M H R M
A L L N I P E Y T Q G T I I R Q N O N S
D A O Ü F D E K O R I E R E N W Q J F I
Z Y B W Y T Y M V G A Z Q Q W F F V L C
L E T M W D G G I T E ß Z H D Q X C Z G
R Y U M Z R U V W O C V E K D Z Q I M S

LA STAMPA
LA STRADA
APRIRE
LA TECNOLOGIA
GENTILE
LA TASCA
SOFISTICATO

LA BANDIERA
GRANDE
SOPRA
L'AMBIENTE
IL DESSERT
IL SERPENTE
DECORARE

46

U	H	J	K	G	O	H	Q	D	V	H	N	H	I	C	W	Q	N	E	K
T	N	D	I	E	P	O	S	I	T	I	O	N	W	J	F	Z	V	O	J
G	M	N	R	F	K	O	L	H	H	S	H	E	C	A	T	F	B	G	L
J	T	M	S	K	Q	C	H	I	C	G	C	B	O	R	Y	G	N	L	C
Q	J	Z	D	T	W	K	C	J	S	D	D	H	A	X	I	H	E	K	E
P	B	A	J	Z	P	D	X	A	I	C	G	G	I	P	W	F	A	R	K
F	S	V	E	R	R	Ü	C	K	T	R	E	O	B	M	F	Q	J	A	E
P	O	D	I	S	F	N	I	D	A	N	U	D	G	Ö	M	F	L	Q	X
U	X	G	H	W	J	Q	N	A	M	D	J	Z	L	D	B	L	N	U	X
P	T	H	H	S	R	U	A	R	O	X	K	R	S	Q	R	G	I	Z	J
P	M	X	G	S	H	E	T	S	T	O	E	A	E	E	C	I	E	G	I
L	X	C	G	R	R	W	T	M	U	D	G	E	G	B	W	Z	I	F	B
A	D	L	E	P	Q	D	Q	T	A	S	N	S	U	R	J	T	M	P	N
C	T	D	Q	I	T	J	A	Q	E	U	N	W	V	Z	J	O	O	M	U
U	W	E	P	M	U	P	E	I	D	W	N	E	M	H	Ä	Z	R	I	G
Z	C	N	A	L	K	F	T	R	E	W	S	N	E	B	E	I	L	J	Y
F	G	F	L	A	A	E	Q	S	G	J	S	A	O	T	L	Z	T	I	S
B	W	O	E	I	T	R	B	E	O	S	S	C	D	X	S	L	V	W	K
F	W	O	L	I	L	X	P	I	H	L	V	L	A	R	A	F	C	G	J
B	L	E	M	G	T	A	Q	T	X	O	V	D	M	N	K	Y	G	X	U

ADORABILE
IL CUCCHIAIO
PROFONDO
AMMUFFITO
LA POMPA
AUTOMATICO
PORTARE

IL CANE
VIOLA
IL TEMPO
PAZZO
DA
DOMARE
LA POSIZIONE

47

R	V	O	B	H	Z	P	D	A	V	T	S	K	B	E	N	V	V	K	Q
B	Q	G	M	J	V	S	Q	T	F	G	C	P	Z	G	S	B	H	H	H
K	G	F	E	R	E	Q	S	L	G	J	C	Y	N	I	P	J	Z	C	K
B	H	Y	T	P	F	M	O	Z	S	A	A	A	K	H	R	Q	M	A	X
J	E	R	L	X	I	Z	A	F	M	X	H	G	N	C	I	V	X	F	D
P	K	T	D	A	S	H	A	A	R	R	I	H	O	S	N	G	J	N	L
G	J	U	R	G	U	A	V	F	O	F	B	D	L	U	G	M	N	I	V
U	I	X	S	E	P	V	D	V	K	Q	Z	Z	V	A	E	I	C	E	D
O	K	L	G	B	T	P	R	N	G	K	I	C	K	L	N	M	G	A	P
S	L	V	L	Z	W	E	I	D	E	U	T	I	G	F	F	X	E	O	R
O	E	A	G	U	D	G	N	O	N	O	M	S	J	Y	G	Q	M	K	O
R	K	G	N	U	R	A	B	N	I	E	R	E	V	E	I	D	Q	N	S
Y	N	P	V	S	T	H	H	T	D	I	N	C	F	D	H	R	N	U	Q
K	I	Z	W	A	O	M	C	C	J	G	I	L	G	Y	B	P	R	Q	J
Q	W	A	N	L	V	I	L	S	D	G	V	Q	M	Y	H	I	A	D	G
Y	R	Z	B	I	U	A	X	W	Y	O	J	K	J	W	V	T	Q	Y	E
D	E	R	R	E	G	E	N	E	H	H	T	N	J	S	A	F	C	I	C
N	D	L	Y	Z	H	J	S	I	Y	G	R	V	A	K	P	X	L	V	O
B	B	R	Z	A	P	T	S	S	A	W	A	D	U	X	I	Q	A	Q	W
B	U	N	C	V	I	F	N	E	F	Q	S	T	B	J	Q	E	Y	T	P

STRANO
LA PIOGGIA
I CAPELLI
ENTRARE
SAGGIO
L'ANGOLO
FACILE

L'ACCORDO
BALLARE
LA TENDA
AMBIGUO
SALTARE
IL VIRUS
SOFFICE

48

C	M	E	H	F	J	N	D	E	R	R	Ü	C	K	E	N	Z	N	L	V
N	Y	I	A	V	E	A	H	N	R	W	I	T	V	B	K	I	I	G	C
R	H	C	O	Z	F	A	J	M	A	G	Y	T	P	C	M	F	C	M	W
J	I	X	Q	S	J	O	J	R	O	Q	K	T	A	H	U	V	H	F	D
D	X	N	W	W	X	A	T	Y	D	G	O	M	W	N	F	H	T	U	U
A	H	M	N	I	Y	M	M	L	I	E	N	E	K	C	A	P	M	G	I
B	Z	R	B	E	N	V	E	P	E	N	K	Y	H	H	X	R	Ö	N	S
S	D	T	A	R	N	X	B	F	E	E	C	V	R	N	L	V	G	P	R
A	H	J	V	O	I	U	A	O	R	H	G	P	Y	A	H	T	E	B	N
D	Y	O	B	W	Y	Q	W	B	F	M	F	U	G	I	C	Y	N	P	Y
I	V	G	D	L	Y	Q	E	R	I	I	H	I	X	J	S	W	Q	N	K
I	G	D	A	A	Q	I	K	L	N	G	C	M	S	F	I	M	X	D	O
P	Y	G	B	D	T	F	B	W	D	E	R	Z	U	G	M	W	Z	Y	N
V	M	N	U	R	W	S	J	Z	U	N	H	C	A	C	O	Z	E	Q	G
A	R	X	E	H	Y	K	O	N	N	Z	P	B	D	Y	K	I	X	U	Q
K	E	T	N	Y	R	I	K	I	G	N	T	K	W	D	R	R	V	K	Q
N	E	D	A	H	C	S	F	R	K	R	F	Z	R	P	U	S	Q	W	V
N	K	T	L	A	T	L	A	D	G	E	H	G	D	K	C	I	H	C	S
A	N	G	X	Z	Z	L	Z	E	T	I	E	R	B	L	Y	K	Z	V	K
J	X	K	L	P	I	E	Q	T	G	E	P	C	Z	T	X	M	M	P	X

IL BAGNO
DIVERTENTE
FARE DEL MALE
IMBALLARE
APPROVARE
L'INVENZIONE
DENTRO

IL RETRO
FANTASIA
NON GRADIRE, NON PIACERE
IL TRENO
GRASSO
LARGO
ADERIRE

49

Q	J	U	F	E	G	L	Y	Z	G	E	T	P	H	S	S	K	M	J	C
K	J	D	S	P	U	B	L	I	I	R	X	V	T	X	O	F	O	D	V
S	X	F	R	C	E	I	Z	W	C	X	E	T	S	E	W	E	I	D	V
D	I	E	S	U	P	P	E	C	T	F	Ä	H	C	S	E	G	S	A	D
S	S	T	T	A	U	L	D	X	Q	I	O	C	E	R	I	W	N	K	V
G	E	I	L	D	L	A	H	T	P	B	R	Q	T	V	B	B	K	C	E
M	T	E	V	F	S	R	G	A	V	A	Z	K	S	T	L	M	V	G	Q
A	C	H	Y	K	E	Z	K	G	Z	N	U	M	I	K	I	K	F	H	D
N	K	R	L	U	E	Y	T	Y	M	F	T	S	S	N	C	J	O	X	E
J	U	E	M	K	W	U	F	X	O	F	Z	V	L	T	H	W	F	U	R
P	I	H	W	Y	L	Y	L	B	N	I	Q	Y	B	E	R	Y	F	U	M
D	E	C	W	M	L	W	P	R	I	O	D	Z	F	B	I	Ö	J	E	U
I	L	I	L	L	Y	I	N	J	Q	V	A	Z	D	E	E	H	M	D	N
E	C	S	Y	N	N	E	R	E	I	H	A	R	T	B	U	S	E	E	D
B	O	E	X	M	O	Z	E	G	Z	I	I	I	Q	Z	F	G	T	N	N
L	I	I	J	H	Z	J	B	G	N	U	N	I	E	M	E	I	D	F	J
A	T	D	G	T	Y	C	F	L	Z	D	J	V	D	I	E	S	O	D	A
S	O	M	W	Q	X	O	N	Y	W	O	L	U	Q	P	C	R	R	X	F
E	H	K	E	K	R	Ä	T	S	T	U	A	L	E	I	D	F	G	V	M
S	B	O	J	X	G	Y	D	S	T	W	S	T	F	O	M	Y	X	O	L

IL NEGOZIO
SOTTRARRE
PRENDERE IN PRESTITO
VERSARE
FEMMINA
LA ZUPPA
IL GIUBBOTTO

LA SICUREZZA
IL VOLUME
IL VESTITO
LA GAZZOSA
LA BOLLA
LA BOCCA
L'OPINIONE

50

L	B	U	S	I	U	X	Y	P	J	E	F	G	O	J	H	U	Q	G	B
B	Q	U	W	N	E	T	S	E	B	M	A	A	A	N	A	U	O	T	U
Q	O	D	S	Q	A	H	R	D	L	O	H	Q	T	A	N	R	M	M	J
G	M	Q	O	B	E	X	Z	E	L	L	E	N	T	F	L	V	D	X	N
H	F	B	K	M	K	T	H	S	N	E	R	E	I	R	A	P	E	R	X
Y	Z	N	Y	U	K	I	T	G	E	M	F	H	C	G	P	Y	W	T	P
H	B	G	T	I	E	X	G	V	I	X	U	E	S	K	I	E	W	Y	L
A	K	X	Y	A	X	S	X	I	R	U	T	A	E	R	K	E	I	D	P
L	C	O	W	Z	Z	D	Ä	V	A	Y	N	D	I	Z	V	M	O	P	W
J	P	N	N	Ü	D	L	X	K	M	S	N	C	G	M	K	G	D	S	P
B	G	M	Z	M	O	B	H	D	R	Z	A	E	G	N	C	L	Y	Z	M
W	Z	R	Z	O	B	U	L	V	C	E	A	I	T	L	I	Q	V	B	D
K	S	G	K	G	L	I	E	T	S	A	D	M	K	R	X	R	U	H	V
W	Z	J	E	F	C	Z	U	B	D	A	B	U	D	D	O	H	R	R	H
V	O	R	S	T	E	L	L	E	N	S	N	X	L	U	W	W	R	E	F
N	F	V	E	R	L	A	U	B	E	N	A	R	E	V	V	R	T	S	D
O	K	Y	T	H	Z	S	W	I	E	U	I	U	D	O	Q	H	R	N	H
F	W	V	W	N	E	S	S	A	L	S	O	L	B	P	U	J	G	R	A
R	E	N	F	Y	J	B	X	S	R	V	M	V	K	E	A	N	S	A	N
X	Z	V	R	R	E	M	M	U	N	E	I	D	Y	F	R	V	S	P	P

IL NUMERO
IL FORMAGGIO
ECCELLENTE
LA CREATURA
LA PARTE
L'ANELLO
RIPARARE
IMMAGINARE
FRAGILE
RILASCIARE
RISPONDERE
PERMETTERE
MIGLIORE
PULITO

51

X	B	H	I	C	W	W	L	R	Q	C	L	J	Y	B	P	P	G	Y	V
S	Q	J	E	S	L	L	L	Q	J	H	A	Y	G	K	N	C	E	F	G
J	T	N	E	H	C	O	N	K	R	E	D	I	V	A	R	Y	M	Q	K
R	W	P	S	M	F	A	G	E	Q	S	N	L	F	Z	N	V	K	N	R
S	N	P	D	Y	B	B	P	Q	V	T	O	V	I	G	Y	Q	B	M	A
Z	E	P	A	D	V	I	N	J	J	A	V	Y	I	J	E	A	E	I	P
F	H	D	S	O	J	S	J	S	R	N	L	A	S	G	J	W	O	C	R
Z	C	V	F	G	N	N	Z	S	Y	T	M	D	E	Q	V	D	O	V	E
C	S	E	O	U	H	E	R	B	G	D	O	T	V	K	I	R	D	E	I
W	Ä	R	T	E	T	S	H	R	Ü	T	E	I	D	W	W	C	K	D	T
G	W	R	O	Z	I	N	T	O	M	S	Z	D	A	S	O	B	S	T	R
I	R	A	M	G	E	I	K	X	N	M	C	X	T	R	C	Q	I	P	E
F	E	T	H	U	H	R	Y	Q	C	G	C	H	R	S	V	V	B	U	D
G	T	I	J	L	D	G	F	G	J	J	E	F	M	X	C	L	B	I	K
Y	N	G	Y	F	N	D	E	R	S	A	M	E	N	U	P	U	R	G	F
Z	U	E	Z	S	I	R	Q	B	U	F	J	Y	B	T	T	L	H	F	Q
R	E	I	L	A	K	R	A	B	Q	S	M	T	O	I	X	Z	X	Y	W
C	I	D	T	D	E	G	N	U	T	H	C	I	R	N	I	P	I	I	R
A	D	J	R	W	I	X	P	S	C	W	K	B	S	B	E	J	B	G	M
X	Z	W	H	V	D	P	D	P	T	B	P	J	E	Z	T	L	G	K	X

IL SEME
LA CHITARRA
L'AEROPLANO
STRETTO
LO ZOO
IL FRUTTO
L'OSSO

IN DIREZIONE
LA PORTA
SPORCO
LA FOTO
LA BIANCHERIA INTIMA
SORRIDERE
L'INFANZIA

52

S	Q	E	G	H	J	N	X	X	E	Y	N	L	E	P	O	P	Z	F	A
S	K	V	D	Z	I	R	J	F	S	B	H	P	Y	A	Z	X	E	M	P
I	S	X	E	Ü	H	V	B	L	Z	U	G	S	D	X	C	M	S	E	E
E	A	D	R	Y	M	L	T	H	B	N	D	A	S	H	U	H	N	B	S
W	U	E	K	T	Q	E	A	E	O	E	Q	F	Y	L	Y	B	X	Y	H
M	E	R	U	V	W	C	R	S	X	B	V	Q	M	K	H	H	T	V	J
O	R	O	N	D	W	S	V	T	F	R	I	V	S	H	B	H	O	L	Y
F	V	N	D	O	Z	E	R	B	R	E	C	H	L	I	C	H	V	I	V
D	N	K	E	K	S	A	P	M	V	D	C	N	P	Z	R	N	Q	V	L
I	K	E	R	Y	Q	V	L	F	R	R	C	N	A	W	T	P	X	W	N
V	V	L	F	X	N	H	J	N	J	E	T	H	A	Q	R	W	N	E	E
Z	X	P	R	A	Y	Z	C	C	J	V	L	L	D	H	N	P	F	S	S
Y	U	V	V	O	D	J	B	M	C	R	Z	T	L	Y	C	A	E	P	F
P	E	W	A	Z	U	D	H	N	E	P	T	K	U	T	R	E	R	I	Y
Y	Z	N	Q	E	X	H	H	I	N	K	D	P	F	T	E	Ü	I	M	V
A	Z	O	M	F	J	B	C	N	G	B	H	Z	S	Q	H	C	Z	D	O
L	B	B	B	D	R	H	R	U	Y	R	V	E	Z	E	R	S	G	B	X
Y	J	H	N	M	B	R	Z	C	Y	Q	B	W	N	X	W	J	O	Y	F
D	D	R	E	L	L	E	T	S	T	F	I	R	H	C	S	R	E	D	I
K	O	V	Z	Z	Y	S	F	O	X	H	U	E	T	S	H	C	Ö	H	V

ACIDO
SPRUZZARE
ROVINARE
BIANCO
IL POLLO
STANCO
LO SCRITTORE

NUMEROSE
LA POSSIBILITÀ
FRAGILE
LO ZIO
PUNIRE
SUPREMO
IL CLIENTE

53

M	U	A	R	R	E	D	A	X	O	F	Z	D	R	R	H	P	Z	U	Q
Z	S	L	R	N	E	G	Ü	R	T	E	B	D	P	C	F	Y	U	X	B
L	L	L	Q	O	I	G	C	D	Y	X	Y	L	I	J	C	M	K	S	J
K	G	E	T	K	J	D	R	U	N	W	Z	V	M	E	Y	L	X	C	Q
T	G	I	D	F	Z	T	S	I	H	W	P	T	L	V	H	T	N	Z	I
T	N	Z	I	R	L	J	Q	A	R	F	L	I	A	P	S	Ö	T	M	M
G	E	E	E	O	L	E	I	L	I	M	A	F	E	I	D	B	H	J	U
Z	H	P	R	I	O	J	S	M	P	N	T	R	S	T	A	I	B	L	O
R	C	S	A	O	V	S	R	T	S	F	W	U	J	O	J	S	K	E	E
D	I	N	T	N	S	P	L	I	X	G	T	F	J	J	Y	V	H	F	X
Z	E	D	T	Z	K	O	E	S	Ü	M	E	G	S	A	D	V	C	H	I
O	Z	H	E	R	C	X	A	H	V	B	R	E	K	O	A	S	S	Z	V
O	B	C	N	O	U	E	K	R	Q	U	R	X	U	T	J	C	I	W	S
I	A	S	C	Y	R	P	R	M	P	Ü	R	D	Z	S	A	R	F	C	N
F	S	I	X	Y	D	U	D	N	E	W	B	X	A	O	D	X	R	H	C
E	A	R	O	P	N	T	C	I	D	F	M	E	W	S	M	M	E	Z	U
I	D	R	X	O	I	M	K	G	C	K	A	S	R	P	E	D	D	P	Z
G	B	Ü	A	J	E	L	U	X	H	Z	N	C	V	F	Z	I	A	T	K
E	A	M	L	B	L	H	W	V	E	E	F	S	B	K	D	Q	R	U	G
K	P	H	J	T	G	Q	B	B	M	Y	W	O	I	Q	V	N	X	C	Y

IL RATTO
TRADIRE
IL PESCE
ECCEZIONALE
LA FAMIGLIA
L'UOVO
LO SPAZIO
LA GROTTA
LA VERDURA
SPECIALE
IL DISTINTIVO
SCONTROSO
VIGLIACCAMENTE
ATTRAVERSO

54

S	O	W	L	Z	M	D	B	S	Y	U	A	H	S	C	G	E	O	Y	D
J	G	S	W	K	T	J	L	F	P	M	J	V	K	N	N	U	S	C	I
Y	J	H	A	M	U	T	S	E	T	H	C	U	E	F	W	M	F	J	E
S	A	L	I	B	O	K	R	Z	J	U	Q	H	S	Z	F	W	T	N	A
A	T	D	X	F	M	D	I	E	T	R	A	D	I	T	I	O	N	B	K
X	C	R	E	K	E	ß	Ö	R	G	E	I	D	O	C	X	Q	M	G	T
K	Y	A	A	V	V	Q	I	V	X	E	X	C	E	J	L	W	V	B	I
H	W	Q	X	R	Y	S	L	L	B	E	N	V	A	R	P	G	O	X	V
F	C	P	N	M	R	G	Q	E	O	Z	W	Q	B	S	T	J	C	O	I
G	I	I	W	K	Z	K	E	O	M	O	A	N	C	T	M	I	P	P	T
H	O	H	L	Y	Q	R	R	E	T	N	U	R	Y	M	B	U	S	F	Ä
E	C	S	R	S	D	F	Y	R	N	X	K	H	Y	J	K	K	G	C	T
J	S	I	P	I	S	N	F	D	I	E	S	T	A	D	T	K	R	R	H
X	V	V	G	C	C	Ä	T	Q	Z	G	B	O	O	Q	O	W	E	U	R
I	Z	U	H	B	M	J	H	D	E	R	B	E	S	I	T	Z	E	R	K
S	N	D	T	N	E	Z	L	E	M	H	C	S	W	C	S	T	F	L	K
G	W	O	H	T	Q	N	Q	J	B	V	Q	N	L	C	C	W	G	G	R
N	Y	Z	H	L	D	D	U	K	R	C	E	P	U	M	R	A	M	P	V
Q	O	P	X	D	I	E	S	I	T	U	A	T	I	O	N	W	R	Z	I
G	Q	B	H	E	B	I	R	A	R	G	D	E	U	J	E	U	N	F	E

LA TAVOLA
LA TRADIZIONE
SCIOGLIERE
UMIDO
LA CITTÀ
IL FUNERALE
FREDDO
IL PROPRIETARIO
L'ATTIVITÀ
GIÙ
LA DIMENSIONE
BRUTTO
LA SITUAZIONE
TIPO

55

U	M	F	Z	Y	X	T	N	T	N	M	E	P	R	I	Z	V	I	C	D
L	P	I	C	I	T	R	K	I	U	H	O	W	F	K	N	Z	F	O	I
P	O	R	E	E	I	B	C	E	D	J	R	N	N	P	P	Y	F	R	E
N	P	G	B	N	A	H	F	I	F	I	G	C	Z	C	R	F	S	U	K
D	Y	S	K	L	T	L	K	O	O	N	C	T	C	H	F	D	N	G	Ü
V	A	E	T	W	P	G	K	G	N	W	H	V	U	X	S	D	T	S	S
D	T	T	I	E	O	W	J	O	D	U	D	A	C	N	M	A	Z	U	T
I	F	E	S	E	S	J	U	F	H	T	E	V	B	X	P	S	U	R	E
O	A	L	U	S	T	I	G	O	G	O	H	R	Q	J	I	A	U	T	S
O	H	A	H	B	E	Q	M	G	U	Q	L	D	H	D	L	B	A	D	O
N	L	V	R	W	N	X	L	O	R	S	E	I	C	Q	X	E	L	V	E
N	E	Q	C	P	Q	F	G	Y	V	R	L	I	K	L	R	N	D	F	S
I	B	U	A	A	R	Q	R	N	K	D	I	C	T	E	Q	D	T	S	Z
N	A	W	A	A	S	O	E	A	J	D	A	S	Ö	L	R	E	D	Z	L
F	F	M	H	H	Q	F	M	C	L	L	S	W	C	E	B	S	D	L	Z
I	O	C	R	K	C	P	I	Q	K	U	I	D	J	B	H	S	B	U	B
X	S	E	W	M	F	S	S	J	N	J	V	L	Z	X	Y	E	G	S	Y
K	U	E	N	H	S	H	K	I	Z	Y	A	Y	V	W	X	N	S	V	S
W	W	L	Z	A	B	Z	M	T	R	N	P	V	C	Z	T	Q	G	X	I
D	I	A	J	O	R	X	F	K	L	T	H	C	A	N	E	I	D	G	G

LA COSTA
DIVERTENTE
SPEZIATO
MERAVIGLIOSA
ALCOLICO
GUARDARE
LA NOTTE

POSTARE
A DIFFERENZA DI
LA CENA
MENO
L'OLIO
LA BATTAGLIA
IL LETTO

56

W	W	F	O	V	K	T	S	Z	J	H	D	I	P	A	F	H	I	R	D
G	A	I	C	I	O	A	L	W	B	V	S	Y	K	F	M	D	G	W	Y
T	C	H	A	Z	N	M	R	R	T	E	T	G	N	I	S	V	V	N	Z
G	K	N	E	Z	T	A	R	K	G	W	B	B	A	E	S	S	F	F	P
G	E	G	Y	B	S	B	O	T	R	K	E	Z	A	R	V	Z	A	R	H
A	L	Q	P	V	P	B	Ä	E	F	Z	A	U	S	P	A	C	K	E	N
O	I	N	F	C	P	G	T	Y	X	F	D	I	N	M	B	A	P	L	P
S	G	X	C	Y	L	N	U	I	N	O	I	H	I	I	K	F	B	L	U
T	W	T	P	I	I	R	T	E	K	H	E	X	D	E	T	Y	Z	E	T
Y	F	U	C	H	F	B	X	S	I	N	E	R	A	R	G	T	H	K	L
O	E	H	G	L	Q	I	G	W	Y	Y	H	H	E	S	N	K	D	R	D
D	Q	F	E	C	Q	Z	D	S	O	D	E	T	N	T	A	K	E	E	N
N	U	S	X	R	H	U	M	P	N	B	I	T	B	X	L	U	R	D	W
Q	F	N	R	Z	B	F	S	I	U	E	E	U	V	G	T	F	H	M	U
K	A	K	D	R	E	H	E	N	L	R	Q	F	W	Z	N	L	A	R	E
T	X	O	X	X	C	V	D	E	J	E	U	B	H	C	E	M	F	L	R
J	D	P	Y	Q	S	S	I	E	R	P	R	E	D	O	T	Z	E	H	L
J	X	Y	U	L	Q	D	Z	C	R	E	B	R	C	E	Q	Z	N	U	Y
F	K	A	T	S	A	P	N	H	A	Z	E	I	D	A	K	I	X	R	P
M	B	E	U	I	P	W	E	F	I	E	V	T	Z	D	B	I	Z	W	R

MATURO
GIRARE
IL DENTIFRICIO
DIETRO
LUNGO
GRAFFIARE
LA SCALA A PIOLI
DISIMBALLARE
IL PREZZO
LA CANTINA
IL PORTO
TRABALLANTE
QUOTIDIANO
IL MATRIMONIO

57

Y	D	N	N	P	P	F	D	E	X	W	V	E	Q	K	F	E	T	J	V
R	P	K	Z	I	H	D	A	W	B	C	W	F	W	L	B	W	F	O	U
I	A	H	J	O	I	R	S	Q	A	G	D	S	L	V	G	B	I	G	J
T	D	B	C	D	H	S	V	D	B	T	C	N	C	P	W	J	R	Y	C
V	G	B	G	W	P	B	I	N	P	H	P	D	E	T	R	N	H	E	O
H	R	P	K	Ü	K	J	E	Q	E	O	C	A	H	C	P	A	C	P	D
R	S	N	D	B	F	K	R	D	Y	I	T	S	G	C	N	K	S	P	R
H	G	S	G	X	C	R	T	Z	M	O	E	D	N	W	M	L	T	U	K
X	N	Z	A	Ü	H	R	E	E	I	X	P	R	J	U	N	U	I	R	X
M	U	S	R	A	W	A	L	V	S	B	E	E	H	P	W	V	E	G	I
A	D	D	C	W	X	U	F	D	E	N	T	I	N	C	K	R	Z	E	A
D	I	F	X	I	T	U	J	Y	S	Y	V	E	G	E	S	E	E	I	X
I	E	Y	B	V	L	T	O	Y	M	E	Z	C	H	E	I	D	I	D	Q
A	L	T	A	W	Y	M	C	U	W	J	F	K	C	F	S	Q	D	N	O
S	K	K	C	H	D	D	V	M	I	S	S	B	I	L	L	I	G	E	N
X	E	Y	X	Z	N	B	L	U	A	Z	I	J	Q	A	S	W	U	E	K
L	I	N	E	R	E	I	R	T	N	E	Z	N	O	K	O	T	V	D	P
I	D	H	O	U	D	G	H	Y	P	C	P	G	B	F	F	O	B	E	I
C	D	E	R	F	E	H	L	S	C	H	L	A	G	N	R	H	F	N	P
J	D	B	I	P	W	G	L	D	G	U	C	I	I	A	T	H	O	K	O

DISAPPROVARE
IL FALLIMENTO
IL TRIANGOLO
I VESTITI
IL DESIDERIO
LA RIVISTA
IL GRUPPO

PRESSARE
CONCENTRARE
PRIMA
IL VULCANO
IL QUARTIERE
URLARE
DISPONIBILE

58

B	G	J	Z	R	D	O	P	W	O	I	E	K	O	K	V	M	M	T	G
B	U	H	I	R	Y	A	U	I	K	H	B	Y	K	P	Y	W	X	O	B
G	I	T	O	N	B	O	D	C	K	Q	C	Y	O	S	X	C	Z	E	W
E	M	T	U	N	H	S	H	D	I	H	C	I	L	N	N	Ä	M	U	L
T	L	N	U	E	M	D	L	R	K	U	P	U	F	D	D	D	P	J	D
S	T	Z	Z	T	U	O	S	S	P	A	B	E	O	E	L	D	T	U	D
R	O	V	R	R	T	J	T	S	T	T	N	M	R	A	I	T	S	N	V
Ü	B	R	N	O	H	N	F	W	E	S	E	W	T	N	L	R	U	M	A
B	D	K	I	W	A	K	X	I	W	U	I	Q	L	V	H	E	E	K	E
N	A	C	J	T	P	A	V	Q	T	N	A	A	M	E	R	E	P	T	Z
H	C	P	J	N	D	F	R	S	D	C	H	W	I	F	K	E	U	N	T
A	H	D	Q	A	R	G	N	U	D	N	I	B	R	E	V	E	I	D	A
Z	L	E	F	W	E	Q	R	T	D	D	I	E	H	Ö	H	E	N	Y	K
E	O	R	F	E	B	G	Z	U	H	L	D	V	Q	J	E	N	N	D	E
I	S	F	R	B	G	N	U	T	H	C	I	R	E	I	D	Z	H	N	I
D	B	A	X	L	P	N	Z	E	G	Y	U	W	N	J	P	P	H	P	D
V	G	H	U	I	H	L	I	M	J	C	A	F	Y	J	H	R	W	L	D
Y	F	R	L	S	T	F	I	T	S	R	E	D	X	V	F	V	D	K	Z
X	N	E	R	H	Ü	F	F	U	A	Y	F	A	Y	N	Z	W	T	T	Y
K	D	R	K	L	T	N	A	N	D	H	Y	H	F	O	Q	T	L	X	Z

LA CONNESSIONE
MASCHIO
ESEGUIRE
LO SPAZZOLINO DA DENTI
SELVAGGIO
LA PENNA
L'AMICO

IL VENTO
LA DIREZIONE
RISPONDERE
L'ALTEZZA
SENZATETTO
IL GATTO
L'AUTISTA

59

O	D	A	S	H	A	U	S	N	R	L	R	A	G	W	F	N	Q	X	O
X	O	D	H	W	D	P	Q	W	F	P	N	P	N	L	H	E	H	C	M
C	X	V	N	Y	Y	Y	Y	C	N	J	Z	E	I	E	M	R	M	N	E
L	I	A	A	K	H	E	W	J	N	I	U	E	T	G	H	F	C	Q	P
H	N	G	O	C	X	M	E	D	S	Z	H	I	J	I	D	Ü	F	O	D
D	W	E	V	Z	D	Q	D	R	Y	E	N	Y	M	N	E	Z	L	J	I
V	A	L	Q	Y	J	H	A	U	N	A	Q	N	Y	M	Q	R	Q	G	V
E	I	S	T	J	S	S	S	H	E	N	V	E	T	N	H	J	H	C	E
R	Z	G	L	H	D	C	L	A	I	S	A	D	G	L	L	J	N	C	F
D	Z	T	Z	Ä	X	R	I	E	Q	O	G	A	M	E	R	S	G	S	S
I	S	Z	K	D	C	M	E	S	S	E	N	L	P	D	N	S	N	Q	A
E	I	L	E	N	P	H	D	P	G	B	G	N	B	N	I	E	U	C	F
N	T	I	H	A	S	Z	E	I	F	T	P	I	G	A	N	O	R	Q	Z
E	O	Y	E	G	H	L	C	L	P	D	L	E	U	H	I	E	H	R	D
N	V	X	O	W	G	U	O	S	N	I	Y	E	U	E	G	F	Ä	Y	M
K	O	K	M	Q	E	R	Z	D	M	N	J	P	Z	B	O	M	W	J	O
P	T	K	E	E	S	T	U	X	V	P	B	Z	O	S	U	G	E	Z	S
R	H	O	I	U	B	C	C	D	N	G	B	N	D	B	A	M	I	H	X
S	S	C	A	B	Q	G	P	Y	R	W	V	B	I	B	W	D	D	I	T
K	P	J	C	C	U	Y	Q	T	O	C	X	W	Z	M	W	S	C	V	R

BRILLARE
FARE UN PASSO
CORRERE
LA TENDA
IL SORRISO
MERITARSI
SCAPPARE

INVITARE
MISURARE
LA CANZONE
TRATTARE
LA CASA
LA MONETA
VAGO

60

F	S	K	S	R	W	E	M	D	Z	U	F	L	G	X	O	U	X	V	E
N	T	W	A	B	L	K	F	O	E	J	O	C	J	E	W	D	S	R	B
J	L	U	U	V	D	E	X	D	V	C	O	F	C	L	H	W	O	U	Q
N	M	N	H	H	B	G	O	B	Z	F	Q	N	Z	Z	Y	S	L	J	X
H	W	D	U	B	D	Q	F	P	E	Q	A	Y	A	H	N	C	O	B	S
C	Y	C	H	L	W	U	B	P	U	M	T	D	I	V	B	W	L	V	G
I	Q	W	C	D	D	G	B	I	R	D	E	I	E	B	H	R	P	E	B
E	S	S	S	Y	F	Z	R	O	M	Z	O	R	G	W	S	E	L	M	D
R	U	D	R	N	C	C	F	Y	Q	Z	Y	N	K	T	G	M	I	E	E
S	J	I	E	J	N	R	M	L	P	W	Y	E	R	E	W	F	V	ß	R
I	D	A	D	R	E	T	A	S	X	H	G	R	M	Q	N	T	D	E	B
N	B	S	K	P	T	S	K	U	U	X	Q	Ä	J	B	E	S	N	F	E
T	W	N	E	T	B	E	E	E	G	E	X	L	G	V	X	F	P	Y	N
N	N	I	R	L	N	S	L	Z	E	U	A	K	W	L	M	K	J	D	U
N	D	F	Y	N	I	R	L	L	L	S	U	R	M	V	V	A	W	B	T
E	N	U	Y	H	T	O	O	A	E	T	R	E	W	S	I	E	R	P	Z
K	Z	Q	D	G	P	V	S	G	S	R	L	Q	D	P	J	X	N	B	E
I	R	U	T	X	E	T	E	I	D	J	G	E	B	Ä	U	D	E	P	R
P	A	U	S	I	E	R	E	N	B	P	P	A	S	E	D	G	Z	T	H
Y	V	Q	U	B	M	E	W	T	J	K	O	Q	C	P	X	J	C	U	H

METTERE IN PAUSA
L'UTENTE
POCO COSTOSO
L'EDIFICIO
BEN INFORMATO
IL PIATTO
IRRITATO
LA SCARPA
LA TRAMA
CALDO
NOTARE
SPIEGARE
IMMACOLATO
LA PRESTAZIONE

61

X	U	C	F	D	G	A	C	A	K	F	N	W	U	U	N	Z	W	K	N
J	I	T	V	I	Y	I	M	A	K	D	S	E	Y	M	M	Ü	O	E	M
F	Z	K	I	E	I	N	V	O	M	Z	J	W	P	A	Q	T	R	G	X
D	I	Z	R	R	X	M	D	E	O	M	O	W	F	E	L	O	Y	G	Q
A	X	Q	E	E	G	H	T	U	Z	X	J	P	R	Z	A	V	I	E	F
M	T	L	T	L	Q	Q	V	T	U	W	S	W	B	Q	M	M	X	K	Q
R	Z	O	T	I	T	A	X	A	O	T	O	Z	T	I	E	O	F	I	F
X	D	G	U	G	K	Z	L	H	A	A	E	M	E	L	H	R	Q	V	Y
C	E	S	B	I	H	I	L	Q	H	H	S	M	K	L	T	U	T	M	Y
M	R	C	E	O	N	J	S	C	K	T	I	D	C	I	S	T	Y	B	P
W	S	D	I	N	L	D	J	F	Z	H	E	P	I	E	A	V	E	N	M
Z	T	M	D	A	E	X	I	Y	R	R	U	B	T	X	D	N	P	R	N
X	U	D	B	M	H	R	Q	E	G	Q	L	P	S	D	X	W	U	E	M
M	D	V	I	A	C	M	K	E	N	B	N	X	A	S	P	L	G	V	F
H	E	T	J	L	Ä	A	W	V	E	A	W	E	D	T	D	A	F	N	P
Ü	N	B	M	V	L	I	L	Y	K	R	D	K	H	T	J	C	P	L	X
B	T	W	S	W	N	S	K	F	B	V	V	E	U	N	D	D	M	X	U
S	R	E	X	N	C	O	A	B	B	V	Q	J	L	X	O	O	X	R	X
C	P	I	E	V	W	U	O	A	U	ß	E	R	H	A	L	B	P	E	L
H	Y	R	K	M	C	A	D	E	R	E	R	F	O	L	G	Z	H	E	D

L'AGO
LO STUDENTE
VERDE
CON
LA RELIGIONE
IL BIGLIETTO
IL SUCCESSO
IL VINCITORE
CARINO
IL BURRO
IL TEMA
CACCIARE
SORRIDERE
AL DI LÀ

62

A P L D I E G E S C H I C H T E Q E M O

S N S G A L X D M Q M J X Z F L R A G D

O E O M K Q F J I E A M B K Y K Y K S E

R S X E V M C Y L E Q W Q U J M Q X K R

I S E F M E G B M X L W S E Y N D D G K

X A Q B T K O B H N O I Y J U H M O N R

Q F L I J R R Z V Y T O N Z W I Q R A E

I Q Z X P K B W O S E T S I D Y E N V I

F F J S Y M Z M N F Q G C I E D T L J S

B Z A O P A B E F B A O E N O E F N H I

U D Q G P Y P A O J Y G O M C V I I T E

R Y Q L M S W Y L V R K G J E W G K D D

Y B Y G E E N E N E U Y X F D U Q M N F

J Y C G I C G N N E H C S T A L K W K N

D F S D D B I Z X V U T A P P I F B C I

A A C H D I E H I T Z E Q G P X R F Q K

D Y H P F I E W H C S R E D K Z G I Z I

K O X B L P J Y C I E Z I L O P E I D L

C S B D M G D K G G M P Z B I S I X J S

E X U O C C B Z F A F X T T O C G B S R

AFFERRARE
APPLAUDIRE
ROSA
LA PISTOLA
IL CERCHIO
IL PROBLEMA
IL CALORE
MODERNO
IL FANTASMA
LA STORIA
LA CODA
LA POLIZIA
IL CONFINE
LA LINEA

63

R	C	D	E	Q	D	I	E	H	E	I	L	U	N	G	W	R	I	B	D
D	Q	Z	A	Y	C	B	M	Z	Q	H	I	Y	N	J	Z	N	K	O	I
B	Y	X	Z	E	V	Y	K	N	A	Z	B	Q	Z	T	O	A	E	I	E
U	U	D	N	A	Q	W	D	E	R	W	E	T	T	B	E	W	E	R	B
D	V	M	U	N	D	G	E	R	E	C	H	T	T	M	S	R	G	L	L
E	O	I	K	J	U	Z	K	M	N	Z	R	S	O	O	S	R	E	S	U
R	T	I	I	E	Q	X	M	S	A	W	N	P	D	J	B	Z	L	Z	M
K	D	G	X	S	Ü	S	S	L	D	U	K	D	K	E	G	E	P	L	E
Ü	V	E	N	L	I	C	U	F	K	B	A	K	H	X	P	V	B	I	A
H	Y	I	R	I	A	W	L	E	R	H	D	W	Q	Q	U	T	R	Y	K
L	P	A	A	K	W	S	I	W	W	Ü	Y	J	Z	R	C	W	E	B	C
S	H	E	Y	Y	L	D	I	V	X	M	H	Y	A	G	K	L	W	I	J
C	J	D	S	I	B	A	N	G	L	Ü	C	K	L	I	C	H	M	V	J
H	Z	U	O	L	I	A	N	A	G	B	K	K	Q	O	C	X	O	G	O
R	A	H	R	S	S	D	O	G	K	Y	C	X	G	K	B	F	E	M	R
A	O	N	I	S	Q	R	R	S	Z	Y	R	O	R	R	W	N	X	L	P
N	W	Z	Y	Z	F	Q	T	A	C	I	X	S	A	N	K	G	A	F	L
K	L	Q	E	X	K	F	J	M	K	L	R	F	Q	X	P	S	B	I	R
H	P	C	R	R	A	I	B	M	F	K	N	M	O	X	K	U	Z	T	N
R	E	R	H	Ü	F	S	T	F	Ä	H	C	S	E	G	R	E	D	A	I

DA
IL FIORE
LA COMPETIZIONE
DI DIMENSIONI RIDOTTE
L'ARTE
IL SUONO
FORTUNATO

IL RESPONSABILE
PRESTO
BAGNATO
DOLCE
IL FRIGORIFERO
SOTTO
LA CURA

64

W	M	L	T	I	J	G	H	I	I	H	N	S	W	M	Y	R	Q	C	D
W	A	L	X	N	T	J	F	T	V	N	F	L	U	U	Q	G	Y	B	I
E	V	C	E	E	U	P	V	W	N	A	Q	X	H	A	X	Y	O	R	E
G	Y	Q	T	L	D	E	R	P	F	A	N	N	K	U	C	H	E	N	R
D	V	M	N	L	R	J	F	B	Y	G	Q	X	R	F	V	V	C	Y	E
E	O	W	O	E	H	E	V	D	L	E	T	H	Y	W	Y	M	G	W	G
R	J	E	K	T	M	R	K	T	K	M	Q	Q	L	P	S	H	N	E	I
B	K	K	R	S	Q	K	U	E	C	E	ß	A	R	T	S	E	I	D	E
O	D	A	E	U	H	G	I	D	L	U	H	C	S	N	U	J	D	O	R
D	H	P	D	Z	N	C	A	R	Y	Z	T	Y	I	H	K	G	Y	R	U
E	X	V	I	T	A	Z	U	I	L	L	I	E	Y	G	C	N	O	J	N
N	F	L	R	S	S	I	G	E	K	H	B	H	D	Z	I	W	P	J	G
E	T	J	N	E	Q	J	L	Z	S	S	D	L	M	N	R	X	E	F	R
U	E	M	Q	F	U	F	H	Y	A	B	C	G	U	Z	T	C	D	O	W
M	P	V	K	M	M	X	G	D	B	N	E	K	N	U	R	T	E	B	D
W	U	O	V	U	A	I	J	R	F	O	I	Y	H	G	E	N	Q	O	U
V	S	O	D	H	R	D	I	E	S	E	I	T	E	D	D	B	Q	Q	I
S	N	Q	G	C	M	T	E	N	E	H	C	S	A	W	N	E	M	Q	F
G	Y	J	S	Z	E	A	R	H	D	E	T	A	I	L	L	I	E	R	T
P	B	W	S	Z	N	Y	A	R	J	B	S	R	Z	U	P	D	H	D	G

IL TRUCCO
LA GAMBA
LA FRITTELLA
IL PAVIMENTO
INNOCENTE
IL CONTESTO
IL GOVERNO

LAVARE
LA STRADA
ABBRACCIARE
UBRIACO
REALIZZARE
IL LATO
DETTAGLIATO

65

Z	C	Y	K	A	I	F	M	T	E	D	E	L	Q	N	W	W	A	A	L
S	I	B	X	E	H	J	J	L	W	B	D	D	J	N	V	Z	N	Q	S
C	D	A	D	I	E	L	Ö	S	U	N	G	A	U	A	B	J	E	M	B
H	I	B	E	V	V	D	M	B	R	F	K	S	O	M	A	G	G	D	D
A	E	S	R	Y	S	G	J	A	Y	P	D	W	T	R	U	Y	N	D	D
O	S	A	U	E	P	Q	W	M	F	C	D	O	H	E	D	D	I	Z	E
T	T	D	N	W	P	R	I	I	S	T	F	R	P	M	L	T	W	M	R
I	E	S	T	C	X	Q	R	B	R	H	U	T	W	M	L	N	Z	E	S
S	U	B	E	G	T	P	S	W	D	X	J	J	K	I	O	S	N	Q	T
C	E	P	R	P	R	W	W	G	G	W	L	N	U	Z	I	H	I	R	A
H	R	Y	S	D	E	K	J	W	E	M	P	Q	O	R	C	O	N	H	N
N	R	G	C	R	I	G	K	S	S	D	W	J	M	E	L	C	U	I	D
M	R	C	H	W	T	E	M	X	U	M	D	P	R	D	D	J	P	K	O
M	B	B	I	W	C	M	P	N	N	T	Q	R	E	T	R	I	A	Y	R
N	Q	P	E	O	R	O	O	R	D	O	E	X	T	N	O	P	L	O	T
H	Q	S	D	S	F	N	B	J	Ü	D	J	U	C	M	E	P	G	U	H
S	C	H	W	I	M	M	E	N	U	F	Y	Y	N	T	F	U	S	D	V
H	N	E	J	S	I	R	Q	R	G	K	U	P	E	A	G	Q	Y	V	W
V	U	P	D	H	K	P	F	H	W	G	K	N	F	X	K	U	A	H	J
W	W	P	U	C	F	D	J	T	Q	V	V	S	G	R	G	Z	P	M	C

NUOVO
NUOTARE
LA CALCOLATRICE
LA SOLUZIONE
IL BAMBINO
FORZARE
LA PAROLA

L'IMPOSTA
L'ESAME
SALUTARE
DISORDINATO
LA DIFFERENZA
LA POSIZIONE
IL CARPENTIERE

66

P	G	X	Y	H	N	O	T	Z	V	R	L	S	I	W	Z	S	T	F	A
D	P	B	Q	W	X	P	G	J	U	K	B	Y	G	N	G	Z	N	P	V
L	X	O	K	F	R	O	A	Q	Z	A	N	E	G	E	P	T	O	O	I
T	R	E	U	E	F	S	A	D	R	T	D	W	J	S	H	G	W	T	W
Q	F	D	Z	R	F	R	G	E	C	S	N	R	G	S	E	U	T	R	Z
K	G	N	Q	F	K	B	G	D	E	N	U	M	U	A	I	W	T	E	M
D	A	W	K	I	U	U	E	Q	I	P	R	R	P	L	G	O	Q	D	E
B	U	P	Q	M	L	M	A	E	M	Q	G	Q	O	N	R	H	H	Y	J
P	P	X	G	Ä	D	J	D	C	K	Y	R	M	A	E	E	C	Ö	Q	D
O	E	C	R	K	A	L	O	H	G	P	E	O	S	L	N	S	L	T	K
X	N	Y	S	N	I	I	D	Y	Z	U	D	U	P	L	E	I	Z	D	C
L	V	F	G	C	C	Z	E	V	O	C	N	C	H	A	E	N	E	Z	A
M	J	U	H	H	R	X	R	N	B	G	Z	Q	P	F	I	I	R	D	S
K	N	U	Y	X	E	V	S	T	W	C	T	Z	O	Z	D	Z	N	K	R
R	G	Z	O	K	N	T	C	D	I	E	K	Ö	N	I	G	I	N	S	E
U	Y	Y	F	G	A	W	H	N	W	G	U	A	M	Y	J	D	W	W	D
D	T	N	H	I	Y	D	N	A	T	R	Y	M	M	X	H	E	S	F	H
Q	E	L	Y	T	A	Z	E	F	X	C	B	A	N	A	L	M	G	E	M
P	W	N	D	W	L	Y	E	X	X	B	D	L	J	S	D	Y	A	V	Y
L	Q	U	T	V	U	X	W	X	G	G	I	F	R	Z	M	H	H	D	H

REGOLARE	**IL SACCO**
ROSSO	**FAR CADERE**
MONDANO	**LA PENTOLA**
LA NEVE	**LA RAGIONE**
LA REGINA	**DI LEGNO**
IL FUOCO	**CARINO**
MEDICO	**L'ENERGIA**

67

I	R	D	A	E	C	U	H	L	H	C	F	K	X	T	U	Q	P	H	B
D	K	K	O	J	A	U	X	A	G	K	L	H	M	T	E	T	T	C	E
E	R	A	G	I	N	E	W	F	O	N	D	B	N	A	H	E	E	S	S
R	O	J	K	M	B	K	X	G	M	E	M	R	M	S	P	W	H	I	C
L	J	E	F	Z	K	D	H	J	R	H	Y	W	J	S	D	C	C	T	H
A	A	H	H	Z	Y	E	F	M	T	A	M	Z	W	U	Q	I	S	K	R
S	D	A	D	U	D	B	A	W	T	R	A	H	O	L	Z	Q	A	A	E
T	W	P	F	H	G	N	N	S	Y	I	E	P	R	H	F	Q	T	R	I
W	S	P	N	N	T	E	F	G	R	R	C	N	R	C	M	J	E	P	B
A	V	O	J	E	C	N	V	Z	X	V	M	S	L	S	U	Q	I	K	E
G	P	Z	L	U	Y	M	K	O	I	B	D	A	M	R	K	N	D	O	N
E	W	N	E	R	S	K	J	Z	C	S	H	M	H	E	D	L	Y	W	E
N	P	Y	Z	O	E	P	T	O	I	C	O	M	D	V	L	E	F	H	J
I	U	G	H	P	N	S	W	Z	S	Z	X	D	S	ß	X	S	A	Z	Z
W	I	P	F	D	U	L	S	R	G	I	I	Q	H	I	M	H	D	O	O
Q	Y	K	Y	L	G	D	E	E	E	G	V	T	I	E	F	C	Y	B	M
M	L	I	F	R	E	D	S	V	M	U	E	T	F	R	T	E	G	Y	P
I	Z	W	J	D	S	Y	R	Q	Q	S	Q	Q	E	R	W	W	E	N	R
R	S	L	A	H	R	E	D	N	L	K	A	Q	R	E	X	V	K	K	D
I	V	B	F	N	F	D	P	Y	S	O	Q	D	P	D	E	T	E	E	T

LA SCIARPA
IL FILM
IL CAPPOTTO
IL COLTELLO
IL CAMION
LA CERNIERA
DESCRIVERE
VICINO
DIFFICILE
LA BORSA
IL COLLO
POCO
CAMBIARE
MANEGGEVOLE

68

M	L	C	D	R	T	F	N	E	X	H	A	I	Y	P	S	E	Z	C	K
F	F	Y	E	N	E	K	C	Ü	R	D	P	D	Z	G	T	Y	V	J	H
V	B	V	X	I	S	B	T	F	N	A	D	I	E	S	U	M	M	E	A
H	Y	L	C	G	N	V	V	Q	K	J	F	Z	R	Q	L	Q	P	U	M
C	T	U	I	I	K	P	W	Z	N	K	U	L	Q	D	B	R	R	J	A
I	A	F	P	E	N	O	A	K	N	W	F	Q	U	N	S	H	F	Z	W
L	B	W	V	M	T	S	V	C	S	Q	R	H	E	E	A	R	O	D	N
K	A	U	X	E	V	N	D	K	K	B	H	Y	T	Z	D	G	Q	A	E
C	D	W	Y	T	B	H	A	K	X	E	Q	N	S	N	K	H	N	S	D
Ü	V	O	Z	S	K	X	V	T	E	W	N	I	C	Ä	V	C	Y	S	I
L	L	M	G	R	L	D	F	M	N	B	A	N	H	L	P	E	V	P	E
G	T	C	D	A	J	W	I	O	C	E	J	X	E	G	T	V	S	I	H
R	O	I	K	I	T	G	C	A	V	S	Z	M	N	Y	B	U	S	E	C
O	V	E	O	I	C	J	A	V	T	I	F	O	R	P	R	E	D	L	S
Q	G	K	U	D	I	E	M	Ö	B	E	L	V	R	S	I	V	L	Z	T
O	X	I	W	A	P	I	T	A	Y	P	X	J	P	P	H	G	I	E	N
J	Y	O	T	O	H	C	I	L	D	N	E	G	U	J	R	S	D	U	E
W	M	V	S	Z	S	X	U	Q	O	E	Z	V	H	T	G	E	I	G	A
T	Y	I	I	N	C	C	R	K	B	I	T	B	I	F	M	X	D	C	U
X	S	Y	V	M	R	R	C	B	P	A	X	W	N	E	I	X	K	W	F

LA PERCENTUALE
SCHIACCIARE
SPINGERE
IL PROFITTO
DECIDERE
IL MOBILE
SU

AVVOLGERE
IL GIOCATTOLO
CONTENTO
IL SANGUE
L'IMPORTO
BRILLANTE
GIOVANILE

69

X	I	E	B	D	T	G	K	D	E	V	C	S	D	W	M	B	K	Q	M
X	B	H	Q	Q	X	Q	Q	T	J	B	L	N	A	S	V	L	A	T	C
G	V	C	O	Q	G	K	W	S	S	C	L	E	S	F	N	F	U	Z	D
D	E	S	D	D	J	F	T	X	X	S	P	A	F	T	E	B	V	J	I
G	I	A	T	C	S	E	X	U	F	L	B	X	E	J	H	I	T	K	E
P	H	L	L	V	E	R	B	A	N	N	E	N	R	V	C	Q	D	N	G
O	H	F	Z	R	Q	Y	V	X	T	N	L	F	N	X	R	H	P	E	E
F	V	E	R	F	I	N	D	E	N	S	R	M	S	Z	A	W	F	L	S
U	U	I	M	L	A	H	H	O	R	T	S	R	E	D	N	G	D	E	U
B	A	D	Q	B	B	P	B	O	D	E	K	C	H	N	H	G	N	G	N
Z	O	I	I	A	C	X	P	O	Y	K	U	Q	E	T	C	P	N	D	D
J	O	W	R	E	N	U	T	Z	L	O	S	M	N	R	S	E	Z	N	H
B	D	C	G	J	Q	T	U	J	W	L	A	R	H	W	M	G	K	A	E
G	W	T	N	W	V	U	S	E	L	T	S	A	M	M	B	G	I	H	I
Q	Z	V	T	G	P	M	A	N	Z	A	J	H	U	O	L	M	L	S	T
C	M	H	D	F	M	X	C	L	X	F	D	S	N	J	E	L	E	A	Y
T	S	A	G	R	E	D	T	D	I	Z	I	U	J	C	I	L	M	D	U
K	M	U	U	V	Q	V	I	W	T	T	K	H	T	A	B	F	H	N	R
K	J	S	P	S	O	Z	F	Z	O	X	Ä	A	K	H	E	V	K	I	P
Y	F	A	S	J	D	T	N	P	R	V	N	T	W	Z	N	Q	P	J	R

LA QUALITÀ
RUSSARE
INUTILE
INVENTARE
CANTICCHIARE
LA PAGLIA
LA SALUTE
STARE
IL POLSO
BANDIRE
STRANO
LA TELEVISIONE
LA BOTTIGLIA
L'OSPITE

70

K	D	E	R	G	E	S	C	H	M	A	C	K	Q	N	X	F	W	M	U
B	S	U	L	P	E	F	K	D	I	E	B	E	Z	I	E	H	U	N	G
G	Y	R	O	E	V	O	N	D	Y	L	N	L	T	T	M	H	V	G	N
E	X	E	I	M	T	R	K	U	A	O	L	T	G	V	Z	W	R	F	E
J	W	N	P	B	Y	H	E	S	B	S	I	N	O	F	O	L	L	B	S
J	G	N	S	L	E	L	C	L	Z	N	B	I	L	R	G	N	T	W	S
R	Y	O	Y	O	Z	K	N	I	H	T	L	O	D	V	V	J	H	W	A
I	J	D	S	N	U	T	J	C	H	C	K	I	O	T	M	J	I	O	L
B	S	R	X	A	F	J	S	K	W	C	E	H	T	T	Q	H	L	A	E
G	U	E	Y	H	P	H	M	K	V	K	S	I	S	C	V	Q	L	L	G
E	Q	D	B	I	C	Q	V	P	A	U	R	E	W	A	N	Y	G	N	S
B	R	G	K	R	F	K	Y	R	S	T	S	T	G	Y	R	N	I	R	Q
R	I	X	U	S	C	O	T	T	N	E	Z	U	U	E	B	Y	V	O	N
O	G	D	B	L	M	O	D	I	R	I	C	D	A	N	I	W	V	T	L
C	T	Z	J	U	F	V	E	B	C	C	W	S	I	L	W	D	H	O	J
H	E	S	I	F	Q	R	K	W	Y	V	Y	V	B	E	A	D	N	M	E
E	F	Z	E	C	E	S	S	D	L	I	X	S	O	X	F	U	M	R	N
N	W	L	F	D	V	S	R	T	M	E	Z	J	P	U	A	E	K	E	B
U	E	U	N	E	K	C	E	R	H	C	S	R	E	V	G	M	E	D	C
V	G	A	H	A	H	F	I	E	M	E	I	X	R	I	I	F	S	P	O

PIÙ
LA FATA
IL FULMINE
IL MOTORE
MEDIA
DISINVOLTO
ROTTO

IL SAPORE
L'ENTRATA
SCIOCCARE
LA BARCA
LA STORIA
LA PATATA
IL RAPPORTO

SOLUZIONI

1

N	E	F	L	E	H	E	A	F	G	B	Z	N	J	L	F	S	J	N	G
Q	G	B	P	J	Y	H	C	S	L	A	F	W	E	U	N	R	X	J	H
M	W	N	U	D	P	G	J	Z	Z	D	G	A	P	G	U	P	E	Y	T
I	U	V	D	E	N	D	P	A	K	W	T	Y	I	F	E	C	B	A	D
P	K	B	O	D	D	E	I	C	Y	M	L	T	L	M	E	G	Q	L	L
M	Z	Q	Q	A	P	R	G	X	W	D	Y	E	N	V	D	W	C	F	B
O	U	F	T	R	J	A	W	I	B	Y	G	B	E	C	H	L	X	Y	P
C	D	T	O	E	Q	L	K	T	P	L	T	T	S	I	X	B	X	C	T
E	I	M	N	G	V	A	V	Y	D	B	S	D	M	N	D	Z	P	B	F
I	E	K	E	F	R	R	S	Z	Q	R	L	B	G	I	A	S	D	O	A
F	G	G	M	H	E	M	X	N	E	C	D	U	E	A	L	E	C	D	X
Z	E	V	M	H	O	V	Z	Z	B	E	C	S	Z	Z	P	L	E	Q	X
V	M	L	O	W	M	X	V	E	H	E	C	N	N	E	Z	B	P	J	F
V	E	P	K	H	T	E	V	N	K	H	H	V	H	W	X	S	J	M	C
A	I	U	L	C	B	U	Q	U	U	A	F	L	Z	D	S	T	X	V	D
T	N	D	L	L	A	W	K	L	U	R	J	T	Y	P	C	R	O	P	B
J	D	J	O	W	T	A	E	A	W	N	E	H	C	U	K	R	E	D	I
Y	E	I	V	M	H	C	S	I	T	B	I	E	R	H	C	S	R	E	D
X	N	H	N	M	P	K	O	D	A	S	F	E	N	S	T	E	R	R	R
D	J	H	U	W	W	N	T	Y	U	V	E	V	G	X	M	P	P	J	Q

2

H	P	D	K	T	Q	Y	G	W	K	Q	R	J	N	R	G	Y	E	F	P
K	E	E	U	B	C	U	B	I	K	K	L	P	P	N	Y	M	T	U	L
A	D	Y	F	D	M	R	S	W	B	E	S	U	U	W	E	V	F	A	B
F	F	M	Y	A	N	K	O	M	M	E	N	R	V	U	A	P	W	N	P
Y	L	V	U	T	L	B	H	Y	Y	C	E	T	L	T	G	E	G	E	N
S	H	W	J	H	Y	X	L	E	L	I	P	I	Z	E	B	Y	Ü	S	M
G	I	D	N	E	B	E	L	H	T	S	S	Q	F	C	O	B	Q	S	C
B	U	P	M	G	D	Y	O	T	R	H	Z	T	H	U	E	G	M	A	D
E	R	S	H	V	G	K	A	A	W	X	U	S	X	N	U	M	R	L	Q
P	I	U	U	O	R	H	S	D	I	E	M	A	C	H	T	D	D	R	K
M	R	X	F	E	C	N	C	W	T	Y	K	G	R	F	V	A	A	E	K
F	H	B	D	S	N	E	T	Ö	T	Z	T	L	N	Y	J	S	S	V	Y
O	M	J	E	N	T	Z	H	T	I	T	W	N	T	K	Y	E	P	H	G
B	C	I	Q	O	D	G	P	Z	G	W	U	W	R	P	H	R	O	C	V
G	D	C	W	X	G	N	R	X	V	D	X	A	T	Q	B	G	S	I	Q
N	J	L	L	T	E	H	C	S	I	E	L	F	S	A	D	E	T	S	R
V	Y	N	U	D	H	S	M	E	U	M	P	J	E	W	P	B	F	C	G
B	F	I	N	V	Z	H	B	R	X	O	J	C	E	U	H	N	A	Z	L
S	R	I	H	H	Q	F	A	J	C	X	F	K	R	Q	S	I	C	D	K
F	F	A	C	D	I	E	T	A	S	T	A	T	U	R	G	S	H	W	G

F T S O M V S H B L S O M H L H I N E I

F C M A Y B X E T T E R A G I Z E I D H

W Q B V I O C E X L K Q O T L S W G S E

P Z E S M Z X U Y E N K P L L Z I M Y E

R B J W Y W B M W T E B V Y L W R M P N

D Y I R I I Q F K O M D N A L S A D L C

L R F Z V S V N Z H Ä I V U U H X E E Z

J K N M V Q K I N S H U R D Y X S D H S

P S N E F Z G P C A C B D T W S N V A C

T C S E V G D K T D S W X J A X R B N H

G C S F V O E R W C E O Q M E F G N T A

I A I V J Q R W E T B O R S T I L L O R

Z S R C N Y A D E R B E R G B C Y U M F

T T R R O L U M L Z V B Z S C J U U Q M

U T E U K X F T Y X W M A Q V K V W W X

M K D N R Y W D I E K A R T E Z E A D U

H N N Y J G A E P B E C X G S P V F T W

C Z W G I Y N Y Q H R C Z U G B H Q U U

S K W P K Q D M B W N D P W M V L O T J

A T R R R D J C Z L X X U A R T Z Q H J

3

M S O D R D Q V H A T T B F T M H R K R

I H P I E N A M G J A Y K R P B S T G K

M S S E T A X Y A S F F V W P J M F I N

D V C T N S L J B X B L A F B L Q A B H

A S X E I R X L D E R S T A U B Q H U Z

I A H M W E J N I C K E N T Q I C B A D

U O J P R D V N O D W K L U P W R E T I

V T E E E D N R E D E F B H C I E L S E

V O I R D E B O X E P P H R D K H B Q B

R V J A A H U V L S I X V E Y H C R K E

S D T T C E B U A R T E I D H O U E C V

H E D U A X S R K T Y U A Q Z P S I Y Ö

H Z G R H T T D Q U K S L A F Q E W U L

E B R O W P C Y J F S L U T H O B O F K

D I E S O N N E U Y P L H R L R R X D E

A E R D A C O D S P S L Y I F E E V C R

X Z R A Y W G T D Y L A D U S O D I P U

T H K F G L E F I T A Y D I J S T G F N

V U C M A M T O E L Y E I B W N F G K G

E Z Q C E Q Q O F U T I A G D C L G X A

4

5

B M U K P F F S N S T I A W N T X M V H
B L O H Q S C N E N E M H E N F U A R S
D W N M R H Y I R O M H H B C I L D R M
A L T E N G I X Y D E R U N F A L L R G
R R U E B D S Q X Z W M U N M Q C J L M
R H L H Y M N H I J A U I X O T O O N E
A L N R C C O R S L D B A I Z B Y B T A
N J R P B S E B J U D Q G A K Z U W I B
G B Q C V T E Q E S Q X E E D M T P E H
I C W X K Z Q I O I O Q T Z R S F I H P
E R M N L P C P D G D H X J A E J G N D
R J N E M U Ä R T J D X L G Z J L N E Q
E Y G N S F Z V D K R B U L D I Z R G K
N R E B L A M U R E H Q Y F E N S Y N G
A X Z H H P Z Q I K E F U T R O V N A H
J I E E W V O R E I F E N C M M M E G K
M U I Z K N L Q V M H E O M O U I P R C
T N O R L A R E Q D G S E H N X Q G E N
X B X T B C L W A E S R D A A P L G V X
E N M Z R H S R G Y O B W V T T N X C R

6

W D A S I N S T R U M E N T G Z T Z L P
G E O G I L I E W G N A L K C B B T J P
X T A L N T S U T F E O K W B M O A X T
G W W V J C W T R W V H E I K G Y L Q X
N E G I D L U H C S T N E H C I S P A K
L F Z X P F C J O D A S K I N N F L Z Z
T L A R A Y L C D P M W U G W G C E V V
H F F U N M G Z E E B K F T W J V I P K
C B Y E F E N O O A R B O K Y X M P M N
A Q C K U J H Z Z Q L G C R R C S S Z F
N F X N U O R C A E H Z E A P Y N R U X
R X N C Z E P O S B Q Z L S S B F E N B
E W M Z H I V J V N P M X O C B T D Z C
T D A S I N N E R E E H Q E H H M H R F
T J A B E N N M O T F M M L E S M R U K
I D P C Y Y W C P S A G E N F K A A E H
M H J Q E X F R X Z W C P I L Z S D C D
E N K G A G W K G Y S D G E D Z Z S L K
I Q E V L E N P B J G Y I B I Z A R R S
D Q R A R A D X V S B N C L Z K P L F B

7

C F N Z T F S X L L X G L G E L X N Z U

K A V T W P Q Y H C F M F O S P C F W W

O L R G Y W M B A D L S N I H A U P D M

Y H Y A Z C W E B R A F E I D L F E E I

K A L Z C P H K T D I E S E I T E R R P

X T Ä T I R O I R P E I D F N D U R C D

L H J Y T O F A M F I P R T P Y N X O E

Z I X C B F N C U C K P W Q G X X O M R

N Q Q Z G Z J P W O H S E I D G W N P P

D E G E B O G E N A Y D A S G R A S U L

I P S Y R C T D X T Y Y L S F Y X S T A

E B J E D A S U N T E R N E H M E N E N

V I K D W B C O N O R M A L B H P L R E

I I J Z N N H S E I S G H K A J J G X T

E M F B E G A N E U E R T S R E Z F J F

L D E V Z V I S R E R C G K Z N M Q X M

F K B C F Z K H A O Y R R A U C J M R J

A U I T V I L A S D Z A Y Y S F T V N Q

L E E Z D F Y Z E I S O W K B V Q O X G

T D E M S H W T B D C K H C W U A X M J

8

W D A P C B J C Z K T V H T X A A N N M

W A D E R K A L E N D E R G N V D B R A

F S F Y Z G K R O O X V G C Z W E I S L

L S J L L E H E J F D S C H W E R L V I

G C Z Z F C T M D W J X U O F W V U N I

H H D X L H M I I A E G F N A O E J I G

A A K X R M S U E E J X E O B L R W J P

L C V V Y V C D W S D G I Z N A T J B G

N H E Z A A H D O G N D L S R S R I T R

K S R O U Q W X C Ä T E H Z T W A E X A

X P S N H V I K H F G I ß B T I G Z X M

F I C X T E E P E D G K N U D B E A C U

Q E H Z Z D R V H Q L W W L A B S R L J

Z L W Y O I I N W A F V I R R E R N E S

L X I S T W G Z K Q G I T K G M I Z G N

P G N M V I H G Y T H I R O V I R D R C

E A D M G N Y S K G O S N E H C U A R N

T R E B B F R K X I G O X R S B A H F L

J L N I L Z J I B N N E ß E I L H C S U

K N S I A B P D S I H J Q B S Q N A X R

9

A G A R N E S S A H A U S R X M O S F M
G G F K D K Y N E R R I W R E V L E L L
Q E A L T W L T D F V L Y A F K Q V D M
W H O R H L B E Z Y W I F A U A C M A J
O H V V I U R R Y G N U N H C E R E I D
Q P P S E D K B I N U D R J T M N U L D
R J H X R L G Q A W K F F Q J Y N Q I I
R V Y E K L H M G E S C H Ä F T I G E E
T K C F L E N I H C S A M E I D R U N U
U K Z M J X A H I G T X U L Z N H P U N
B M H H S K Z T F K B C F E A V G M G I
B I J C A B S U J J J N B V M A X W M V
W R V I I T U T M U Ä R E G F U A W B E
C B V L L Q D O W I E U S D Y L S V C R
Y B X R P M C A U F I M Q J R U G O R S
M X F H L R E S S G D Q N O D O T R H I
T J K Ä N L E Z O A R H P I M M M V Q T
M V D F F D O I Q T U E L C Y W Z U D Ä
G K P E U R M K C Ü L G N U S A D W A T
L B A G M R K V D H I R E N D Z R X M J

10

C G A Y I S S S F J Q R B Z E T U O A T
X B E N T U J R N K U V D G R A U S A M
V D A W A A T J B C N D Y I E M F F D W
W R N M R D I E E I G E N S C H A F T N
Q F E D M E M H N B L B D Q X B O Y H O
Z I A N P S D X L Y Q F H O S W G U S I
D E E M R A E I D Q Z T A C B U U T A T
G K N E H C A L H J Z M Y Z A R P S F A
V O H T B C B T E R H Q G F I D E G T N
O U I E X B A G K A O A R V X K S D I I
R I N K T B R G M X H C K R Y B E A G B
S W Z C P A D U M L E I T E N C A T D M
C Z A T O S Z Z S W O Q N C M Q H W C O
H T Y O V T I P A F K X D L H I X O C K
L W T P M G R E R J V V E M R A B I N E
A M B Z Y H T P O F M N R T M K Y F F I
G X L W P P V J Q D M G W Q F Q X V O D
E D R B P H G I E T S R E G R Ü B R E D
N E K U O E I B F Y M U R X R V T Y P O
A D H G Z V R V W Y L E T B B O A D H P

N L J F Q P N H U W G R P W M C C O W O
X S Q Z F W Y A H J I O X D V W I B L X
P B S K D X W C B Y T V Z F H E E P L Z
N I D C N Z W H G J G A K Y I J D O T N
E P F W J W A Z L K F K C G Q E L L F L
F H C X M H W A Z S G Q Z V M I Ä G J E
J T F N Q C Ö Q D F D C B S I Q M E S H
N Y D W U I J F B J O Z Q L R T E B D C
N P S J H L A C L K J M Z Z M R G R I I
A I M R H R O I O I J S C D I V S A J E
E P P E R E T I U O C K W N K T A U Z R
R B B G V N F L V B Z H G Z G F D C O T
I H E N R I N Z G W J E U R B A P H R S
K J A E E E Z T A T N A O K P R G T O O
H D S R U W Y G N J T ß Z J B P F K T B
V J R I T X N F Z G P R T K N L M N S J
F Z W S K P K M M A D E R H U M O R A N
P G E C G N U T L A H R E T N U E I D X
Y T E H B Q M T S O T T N E N N E R T C
V P A Z N W W U D W B S Z U C Y O N J P

11

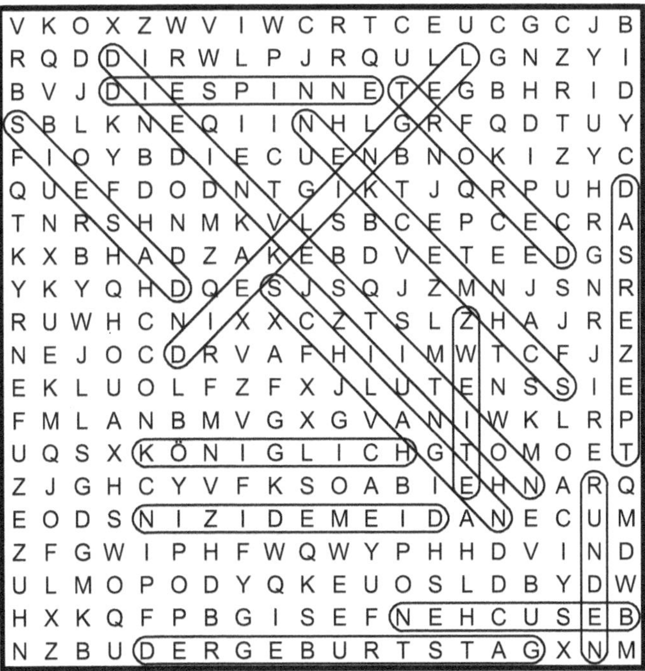

V K O X Z W V I W C R T C E U C G C J B
R Q D D I R W L P J R Q U L L G N Z Y I
B V J D I E S P I N N E T E G B H R I D
S B L K N E Q I I N H L G R F Q D T U Y
F I O Y B D I E C U E N B N O K I Z Y C
Q U E F D O D N T G I K T J Q R P U H D
T N R S H N M K V L S B C E P C E C R A
K X B H A D Z A K E B D V E T E E D G S
Y K Y Q H D Q E S J S Q J Z M N J S N R
R U W H C N I X X C Z T S L Z H A J R E
N E J O C D R V A F H I I M W T C F J Z
E K L U O L F Z F X J L U T E N S S I E
F M L A N B M V G X G V A N I W K L R P
U Q S X K Ö N I G L I C H G T O M O E T
Z J G H C Y V F K S O A B I E H N A R Q
E O D S N I Z I D E M E I D A N E C U M
Z F G W I P H F W Q W Y P H H D V I N D
U L M O P O D Y Q K E U O S L D B Y D W
H X K Q F P B G I S E F N E H C U S E B
N Z B U D E R G E B U R T S T A G X N M

12

D	B	K	P	Q	H	X	H	J	L	Z	H	V	C	X	P	I	F	O	O
X	Z	T	L	H	U	Q	V	N	S	Y	L	O	A	Z	F	Y	B	W	Z
A	H	R	V	C	J	C	V	E	K	N	E	R	Ö	T	S	R	E	Z	S
B	K	U	I	P	F	K	X	N	Z	Q	A	Z	F	M	R	B	Z	V	T
P	B	E	F	A	C	L	Z	N	K	R	D	Q	U	F	L	K	B	T	H
F	O	D	X	T	A	S	U	A	P	B	B	L	C	J	D	O	T	S	E
J	H	Y	T	I	M	Q	F	P	A	O	E	Y	I	E	M	R	O	R	A
T	V	F	L	E	H	R	Q	S	F	Q	N	V	C	H	V	O	Y	J	F
T	C	C	K	H	C	K	D	T	B	T	U	P	I	Z	C	V	Y	R	U
B	I	R	V	R	A	Z	T	N	P	N	H	M	W	V	O	S	A	E	S
Q	N	L	K	E	G	B	X	E	I	Y	E	W	Y	U	B	Q	S	C	E
D	A	O	J	H	I	I	V	H	B	E	D	G	K	G	T	R	E	A	D
T	I	L	F	C	L	P	D	E	R	A	N	F	A	N	G	Z	S	I	D
L	K	E	S	I	E	I	Y	C	S	B	E	S	P	S	Q	N	E	Y	E
U	J	M	P	S	S	Q	P	Z	R	S	S	H	P	G	D	S	I	Q	R
A	K	B	Y	E	U	X	E	U	N	K	A	Z	S	Z	A	P	R	I	B
F	A	U	S	I	R	G	K	Y	M	I	D	U	F	C	L	Q	R	D	A
R	N	J	B	D	G	S	Q	Q	E	Y	U	E	H	Q	U	M	E	E	U
E	U	X	Z	H	J	R	O	S	N	E	B	E	W	H	C	S	D	Q	M
V	N	I	V	K	Z	U	Q	N	Y	H	X	Q	Q	R	L	N	P	D	O

13

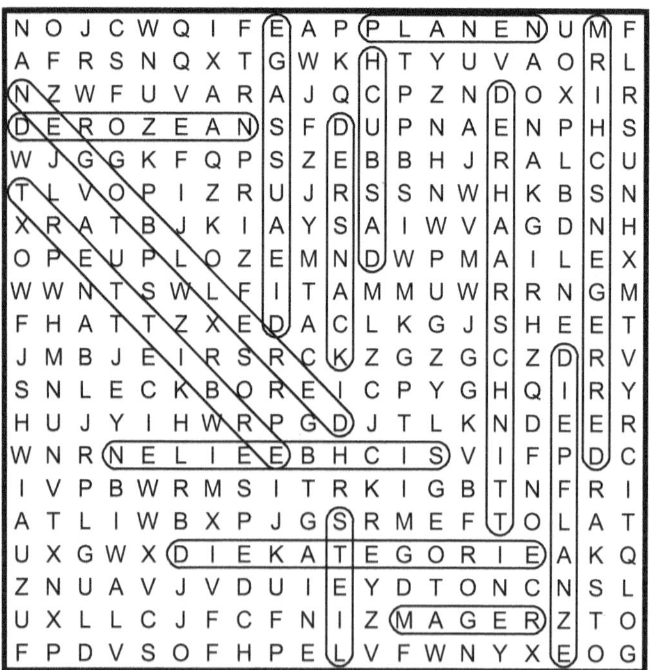

N	O	J	C	W	Q	I	F	E	A	P	P	L	A	N	E	N	U	M	F
A	F	R	S	N	Q	X	T	G	W	K	H	T	Y	U	V	A	O	R	L
N	Z	W	F	U	V	A	R	A	J	Q	C	P	Z	N	D	O	X	I	R
D	E	R	O	Z	E	A	N	S	F	D	U	P	N	A	E	N	P	H	S
W	J	G	G	K	F	Q	P	S	Z	E	B	B	H	J	R	A	L	C	U
T	L	V	O	P	I	Z	R	U	J	R	S	S	N	W	H	K	B	S	N
X	R	A	T	B	J	K	I	A	Y	S	A	I	W	V	A	G	D	N	H
O	P	E	U	P	L	O	Z	E	M	N	D	W	P	M	A	I	L	E	X
W	W	N	T	S	W	L	F	I	T	A	M	M	U	W	R	R	N	G	M
F	H	A	T	T	Z	X	E	D	A	C	L	K	G	J	S	H	E	E	T
J	M	B	J	E	I	R	S	R	C	K	Z	G	Z	G	C	Z	D	R	V
S	N	L	E	C	K	B	O	R	E	I	C	P	Y	G	H	Q	I	R	Y
H	U	J	Y	I	H	W	R	P	G	D	J	T	L	K	N	D	E	E	R
W	N	R	N	E	L	I	E	E	B	H	C	I	S	V	I	F	P	D	C
I	V	P	B	W	R	M	S	I	T	R	K	I	G	B	T	N	F	R	I
A	T	L	I	W	B	X	P	J	G	S	R	M	E	F	T	O	L	A	T
U	X	G	W	X	D	I	E	K	A	T	E	G	O	R	I	E	A	K	Q
Z	N	U	A	V	J	V	D	U	I	E	Y	D	T	O	N	C	N	S	L
U	X	L	L	C	J	F	C	F	N	I	Z	M	A	G	E	R	Z	T	O
F	P	D	V	S	O	F	H	P	E	L	V	F	W	N	Y	X	E	O	G

14

S Y V S T D C G E N E G O I S L N L J M
S O U G O A E Z K W H J C U T U S G F M
W Y D D B S I N Z I D O L N P B O O X C
N S R D V E J K X Q V B S F M B X M E W
M B H I B R H S F P B B S R M Y G M R I
O J L E G E U I V R P H S V E M M H H N
T L N S I I J I B A D V U Z U D Ö U Ö Z
W C V C H G E R E H M P L F U J Q G H I
I Y J H V N T M I L R I F B P G P A E G
E N Q U S I Q S Z E N Y B W U O G Q N N
D H X B E S A K U N K K A H T H U N I T
E Z F L D B R Y J E F H R U A G K S I E
R T Z A I U W Y J M L Y E F D R W Z J P
H B G D G U Z F U A R E D Q K U S E W I
O D V E N V S R L W A T A H K K V C L N
L N R E K I T I L O P E I D Q R S O H G
E H Z R E R N Z H D N H S O D H O K W H
N B Y N N K L W D O Z X K Z C C W G J Y
G D U G V V W O Y Y V O K C P E F U K W
C H F V Q H C S I T N A M O R D R B O S

15

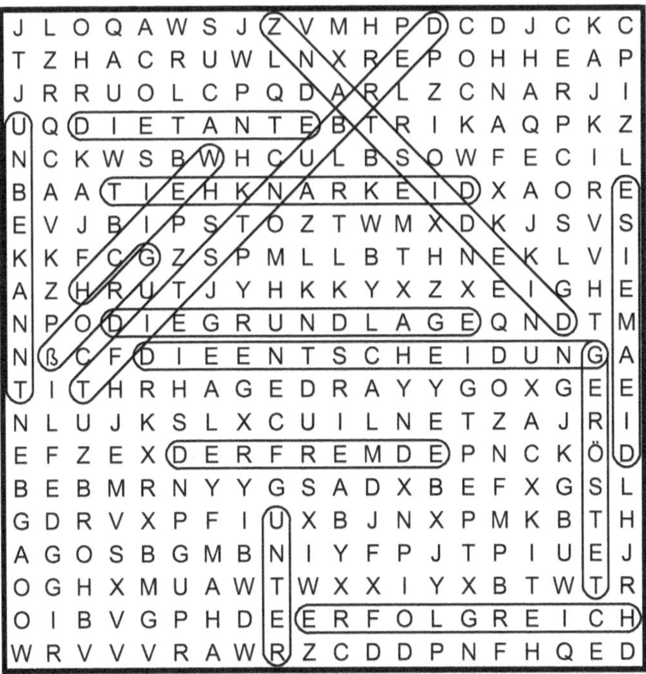

16

D I E Z U S C H A U E R H H R F F M A T
R N E H C N R Ö H H C I E S A D K U Q H
Q Q R S D J B I B X R R L P A T P X I C
K M G S W A C H S E N E O Z G T A T V I
A Z P N O L Z Z M C I J C W N F U G Q E
D H C L I M E I D A I F X S C F V Y D S
X K V O E C N N O N D C D R S Z E S E X
S C H N E I E N D I E L I N K E G T R X
R U T Z S P O X F S P A X O M M U K K D
Q S N E G V H C I L ß E I L H C S S U A
E A U S S E T Z E N D Z S K W A E H S E
R P I S J X T U O E T U O R E I D D S C
B C I J Z I Z Q V Z V K E K J G M G V P
Ä F R H D H B Z G I V M C N E M L U P W
R M R C A E Q I S D F V B M A O E X M M
M N Q R J T R R N J U P J X T K E X D D
L O X R W L S G J Q A I S H X Z R R U D
I Y S W Q S T Q E I A R I Z B B E V X R
C X F O P U P J W B L U N B B I N R P P
H R Q A D T Z B R Y Q D M Z W S S B W C

17

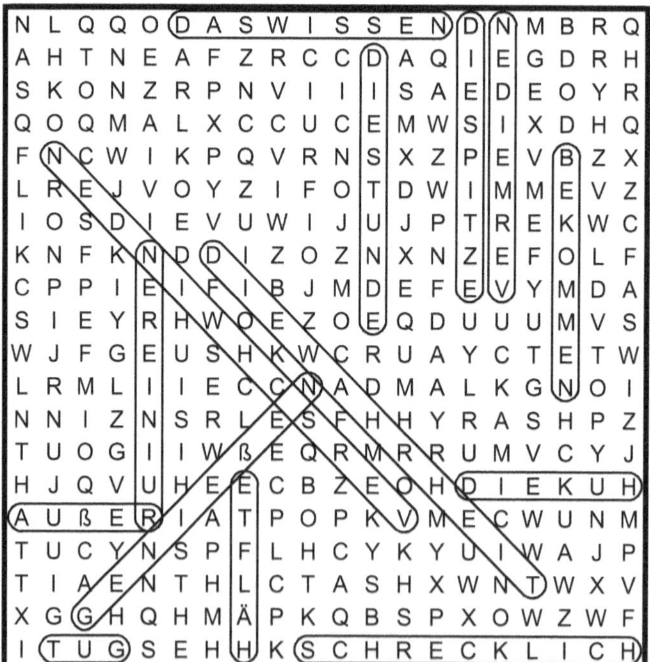

18

P L C B T C I Q T V H L K D C N W D H S
O B J K Z L L V I C R C I V E E A I I H
B L A A D I G O I F U E R D U W Q E A C
Y T Q P E Z P E D Q Z D O I A D X G R E
K Y V D R D R A J U H A S E E E F A Z R
W Z N A H A F D N V C S S B G L X B M F
D A Y S Ü S S G N L R H T E N Y K E F V
A Z Y P G L E S T Q T A E D U G A L B X
S A I X E I K Y Y Q H U C E M Q A F W A
G B K T L M S H M L Q S A U M H D Z M O
E P H A M I G K P J F T X T I V L U Z U
B X R G T T U R V G A I Z U T Y P S M Z
I J S R P D E R M A G E N N S F X M Z M
E K Z L D A S M E E R R W G E Z V G O A
T R L Z Z W Z N Y J N P P Y I K W I A S
U F H E K B K A L N U I C P D E W D U H
W J X X B H Q U D F U K D E X R Z R I M
E F T D D E I L J D G E I T F Y C F T M
B O L K M Y N F P M X Q M M A M T M Y E
M I Y D X J M V U N N F I D B O V R F G

19

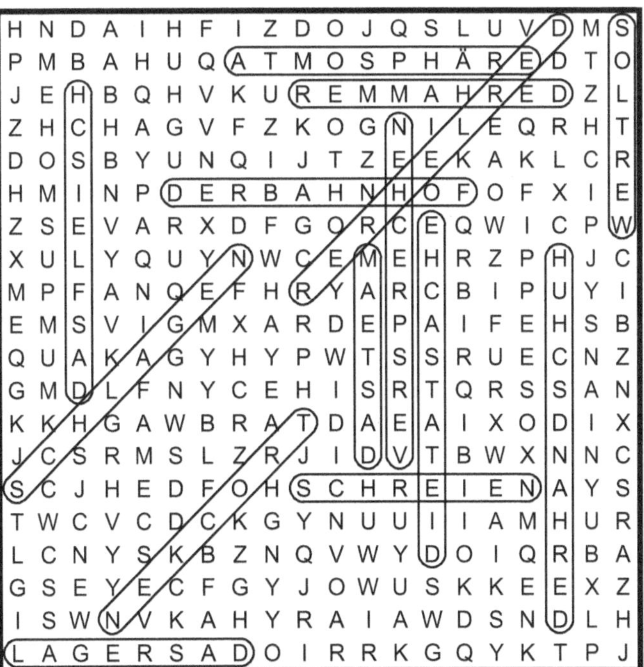

20

G F T N O X P F U R H Z R Z R W V G V R
F L A E E Y I G N U J F H X Y I X W O E
J Z S R B T E T A R I E H R E V X C T M
R P X Ö C D X M H L K F E C R Z S Y F H
V V X H S A O N T G D M U I Q B J I K E
D Z B U T S N D E M J R K I B I L A N N
U E H Z C G E R G L D A S G I F T C R T
C G R H Q L F E U L B X H Q O Q C J F I
D R Z F O A L L D R J O N R M C V G G E
I S J G A S V E R S C H W E N D E N H B
B F R S D D K O C Z B R N R K R W U D R
H G M A T I E T L V A W A W Z C A L C A
Q E J U Q T E N M B G P V J F R E Z B R
W H I B K E I I T I Z Q X I A H H D S E
B E L W Q R Y H N W X U Q Y A X A J U D
R E E L O A C O C S J C A C N W H S A Z
I Y V R D U H J K R E V O L L U P R E D
L I H L R R C I U S O L K C U M H C S Z
V H J F E P R W M L C E O H G U C V H V
J O X D I I P B G L F V B M G X E A R U

21

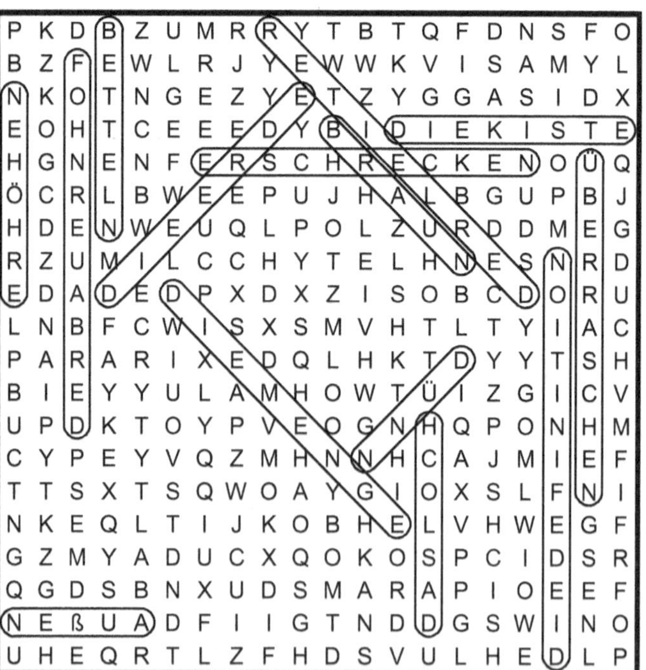

22

V A G A T C A A P B X I T T Q R J K W G
W Q V I C H F B O O A S R N C P T S P V
J M Z J E O K C A A T E B E N D D Y G T
F L I D S Y A D A S D S A G S G W N R D
W G D S P C I S W N H S W I Z V Z T O I
D H A Y Q E U S A H F O N L M I N E X E
H D C J T V Y N T T T H E L U S W I D T
A C X A E J I Q N D O C P E Y M O L I A
W S S G Z E F Z E T D S H T F Q E N E S
A T P I H O A G M J R E W N N Q R E B S
E S O C R E R L T K F G S I T J L H E E
H N R S F F W U R I G R V D A C X M Z N
T U G N I B P Q A X H E E J Y Y N E A P
D R N E U R Ü F P B Y B Z J X T A N H O
Z X E K K I Z F A X T O X X W N V F L P
N M U O H K F A S F T S M B Y V X E U R
T V J A F L A U A A Q A L G I M R M N S
Y W W V D Y Y L D V X D G R K Y U Z G B
J G C K W V P V E R G E S S L I C H T X
O S Z S D I E R E A L I T Ä T U L F B H

23

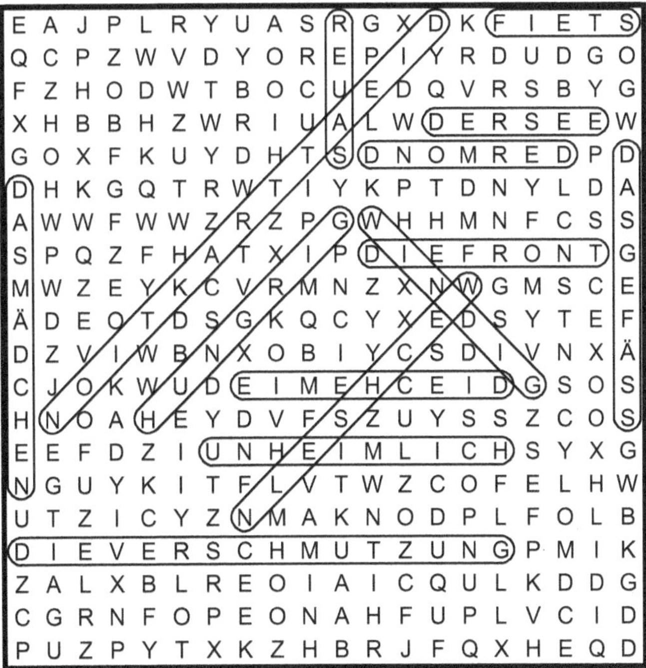

24

K Q U L Z K Z Q W Z K R E T T E N C W T
Y X N F X D O J U K N N E Q H O I Y O I
J G H N B X M I P E E T P L T M N X K T
Z A Ö E S T A R K B F R M Z E G N A O B
B T F ß N W L R E C R I I O R B U Q R K
T T L E P Q V N S N E N E I B E E K S V
J I I I J K R I M M A K V C N I Z K N C
I M C L V Z S P M P P E O D A L V L G F
C H H H Q B W I A X N N U I F E N K P V
R C O C Y N T A D E I N F Z Q J D Q E E
O A L S Z S O N N D O L K V M A G J R H
B N A N E J E R S R C V G R K I S F N I
U R E I H T F D D Q M M T O B D M G R C
S E D E A N B E S M X N T P C X E U Z E
T D M D C K N Z N I N T I I B X W S D M
J E E M E T P G B C Z U E G D B Z I O A
S I I B L J D V M M L U P M K H H N G Y
D Q X I B W E H L J D Z P F P K I G A D
V H C S I G L A T S O N U R K F M E X Q
25 D H D W Z A B X W S L Q P N Z S G N L X

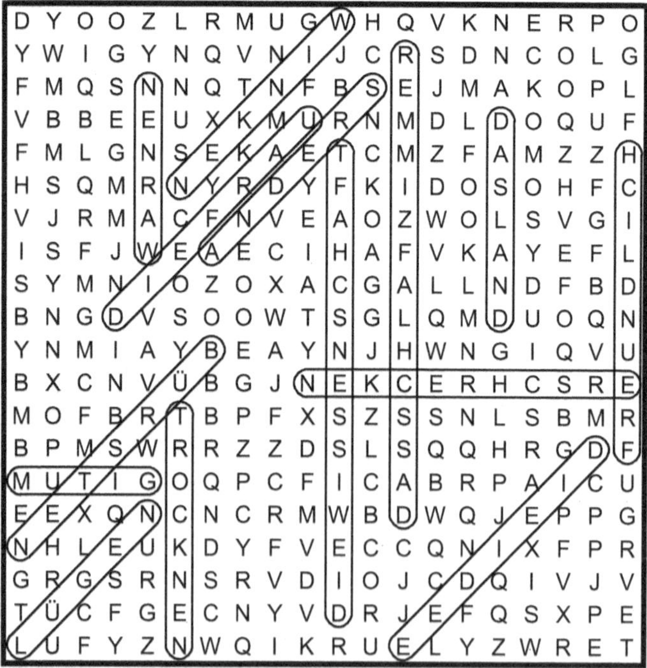

26

27

T	B	S	U	P	C	Y	I	V	F	I	N	Z	M	O	M	N	Y	D	A
O	K	K	U	J	N	M	Z	P	R	B	V	E	R	T	R	A	U	E	N
Y	F	K	J	R	E	H	C	I	S	H	D	T	M	V	W	J	L	R	I
F	X	N	M	G	Q	V	Y	J	T	I	P	H	R	D	W	X	K	P	E
U	P	Z	T	X	Y	R	Z	Q	E	F	H	L	I	Z	D	G	Y	A	I
W	Y	O	T	O	U	S	R	S	M	O	P	E	D	M	I	C	H	S	Q
C	K	V	L	U	U	X	O	B	M	V	O	K	Y	G	E	D	C	S	P
A	S	G	O	Z	A	F	D	E	O	R	P	U	Y	K	A	I	S	A	L
V	L	I	F	H	T	R	F	N	A	V	X	A	Y	D	U	E	Q	G	M
V	M	H	Z	W	O	I	T	N	I	D	T	H	A	V	S	A	F	I	G
K	J	U	A	T	K	P	G	R	F	P	F	C	N	O	R	N	N	E	H
W	M	R	L	R	S	E	G	A	E	N	S	S	Z	R	Ü	W	K	R	F
U	E	D	X	O	H	N	E	X	E	V	K	E	R	A	S	E	X	Z	Y
V	N	K	T	P	K	X	H	Z	J	V	C	I	Q	U	T	N	U	G	J
Q	Z	T	B	M	H	L	T	I	P	B	Q	D	N	S	U	D	V	B	M
I	F	T	L	W	M	I	Q	M	Z	F	T	Z	J	I	N	U	B	E	V
S	V	L	T	T	S	A	H	X	T	W	Y	Y	H	S	G	N	Y	H	S
Z	X	M	V	E	O	T	N	R	G	X	R	H	E	Y	Z	G	Q	C	L
O	Y	H	B	Z	J	O	V	B	S	L	L	T	L	C	Q	T	C	L	K
F	Y	Q	T	U	L	R	U	Q	A	T	H	N	L	D	R	W	J	C	T

28

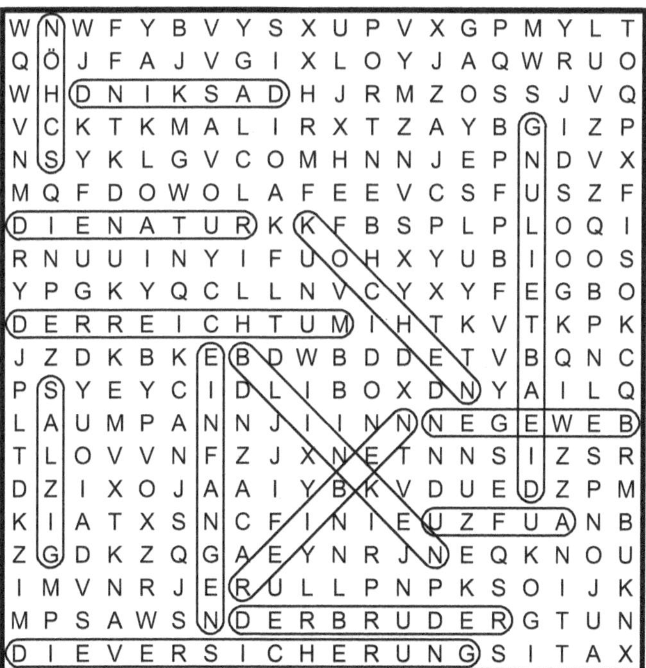

29

M B D D S Z D L Y W Z N A K P G T F Z N
C O K E R W J X V V Z W G H I A G G W E
Y X I U V I O H D X T V C Z E Q Q E D N
N A K O R S T E M X Y I R Y U U V G W N
T M Q S Q C R Y T N L E W B A C K E N Ö
Y K R E H H W J G D H G Z D Z O P N A K
D I Q Z A E J F Ö T N M R Q N G G T G S
E M X K O N J T U C Z A F V B T Y E L A
R R E A F Q C G E C T Z T D J L S I T D
B N A U F S C H L I E ß E N U M L L S V
U E L S R E T T I B X B T O U M L Z P K
C H S D R S N W T H U Z W R J E U U I E
H Y S T K F F M F P N C V I D Z Y Q E P
S D T V L Q O S J W L V X N T P K D L P
T B X R N D Z S T N E D I S Ä R P R E D
A E S U D J N I M A R E A Z B Y T R N S
B K I M K Q U M P Y O B U O A M B P P F
E Y F S N L K J I Q Y D E N H H S M Z P
B D A L J B H Q W M B O Q F D Q W I F D
Y G E C T Y I F Y S X G U Y H I A G I D

30

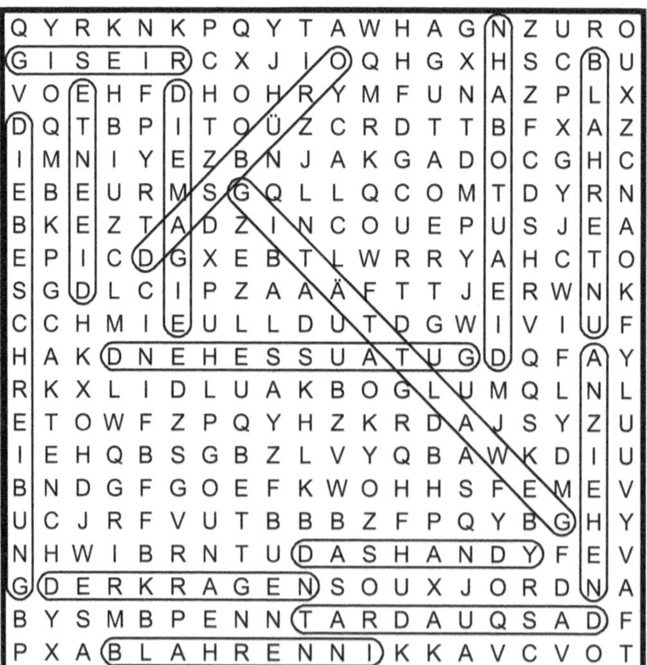

31

P T U F H X A G C N P F C B R G Q S Y K
Q C O W X B S A K Q T U D I I J A Q M C
E O L T Z N S H J Q J Q O T R Y I B D P
H K D G I R E I W H C S X Y I G W W A Z
C E J A U N P A E O X C W M B I E G E N
S L L P O H C S I T S N E P S E G I Y L
R E O N B T J S D T F I C L C Y M S T E
I Z A Z Z L J M T A V W E E H G E R Q Z
K G Z E C M F P Y S S W W M W F H T Q T
E L G X V Z R J A I H M K N A L H C S D
I O D V J X U V C S C A E T C W M V Q D
D X R W E U M M B A I G O T H J W M L H
R H P G K M D S G K E I N K A U F E N O
Q W F K D B A S A L R S F A J L G K S L
T Z A Q V E S H A A F C C F C Y L N K P
Z T Z W X O M E F L L H E Y A K F K I E
E N T K I I E E O P I S R E V N E M X R
X L W X D G N K K N H Q B J B R W R G I
R U M F A S Ü X P I S F J I R Z V N I G
G H A N Z W O H N U N G M V X M E D A P

32

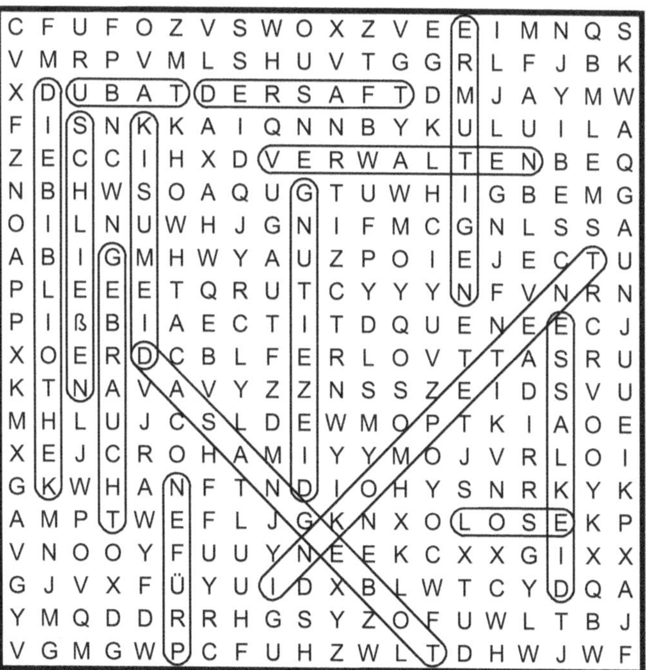

C F U F O Z V S W O X Z V E E I M N Q S
V M R P V M L S H U V T G G R L F J B K
X D U B A T D E R S A F T D M J A Y M W
F I S N K K A I Q N N B Y K U L U I L A
Z E C C I H X D V E R W A L T E N B E Q
N B H W S O A Q U G T U W H I G B E M G
O I L N U W H J G N I F M C G N L S S A
A B I G M H W Y A U Z P O I E J E C T U
P L E E E T Q R U T C Y Y Y N F V N R N
P I ß B I A E C T I T D Q U E N E E C J
X O E R D C B L F E R L O V T T A S R U
K T N A V A V Y Z Z N S S Z E I D S V U
M H L U J C S L D E W M O P T K I A O E
X E J C R O H A M I Y Y M O J V R L O I
G K W H A N F T N D I O H Y S N R K Y K
A M P T W E F L J G K N X O L O S E K P
V N O O Y F U U Y N E E K C X X G I X X
G J V X F Ü Y U I D X B L W T C Y D Q A
Y M Q D D R R H G S Y Z O F U W L T B J
V G M G W P C F U H Z W L T D H W J W F

D A R S A D C H G O L G L X L G G E L B
A C G Q D E R Z E H Q W S Z J P I C D F
V W J G W G A Y U C L B R W Q S N N T O
J K A P S F S U Q B L X Q U N P Ö U Z V
D V G E H C N A R B E I D U G I K Ü A P
L K E C A W Y V D A S E S S E N R B R V
Y W N T K U K L O P F E N V A A E E Q F
N M F E T H Q J D S W T M C D B D R V B
J U H E I R U J D R T I P P E N P P S J
K J F R G F M S S A D E Z Y O V L R S S
E H A R B D E W T C S L V E B E J Ü R Q
A B Y H M W H N V E E Z W R V M P F K R
R R P H R S L P W B N C U Y T F L E B D
V I T Y P I R H B B Z N F H B C S N F N
W A L Y O X C X C K U F K L A T I E Q H
V J A O H Y Q O H F C G J D O U Z S G S
T W Q N Z I K E K T K Q P G K K S D Z D
O I J Q L T K G C M E Z O N R B E E J F
I T V E C F K G R O N C V E H N A R V U
S U P R Y F I Z A N M D J Q T I F F S K

33

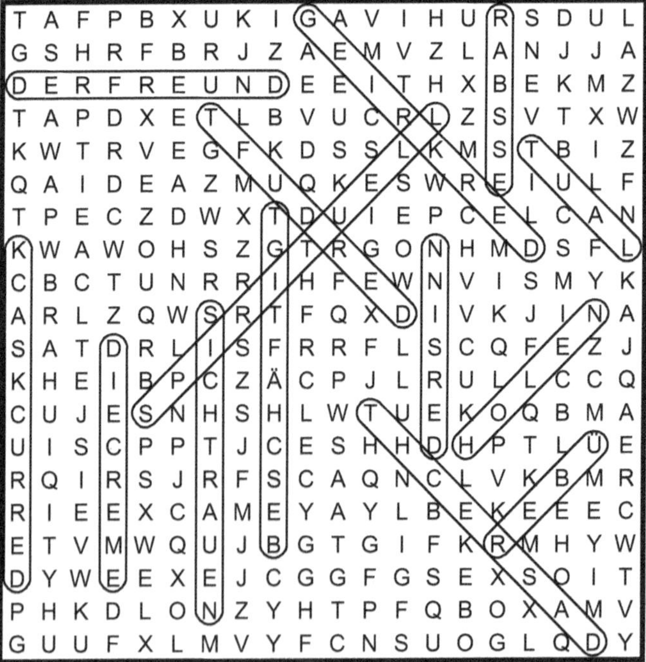

T A F P B X U K I G A V I H U R S D U L
G S H R F B R J Z A E M V Z L A N J J A
D E R F R E U N D E E I T H X B E K M Z
T A P D X E T L B V U C R L Z S V T X W
K W T R V E G F K D S S L K M S T B I Z
Q A I D E A Z M U Q K E S W R E I U L F
T P E C Z D W X T D U I E P C E L C A N
K W A W O H S Z G T R G O N H M D S F L
C B C T U N R R I H F E W N V I S M Y K
A R L Z Q W S R T F Q X D I V K J I N A
S A T D R L I S F R R F L S C Q F E Z J
K H E I B P C Z Ä C P J L R U L L C C Q
C U J E S N H S H L W T U E K O Q B M A
U I S C P P T J C E S H H D H P T L Ü E
R Q I R S J R F S C A Q N C L V K B M R
R I E E X C A M E Y A Y L B E K E E E C
E T V M W Q U J B G T G I F K R M H Y W
D Y W E E X E J C G G F G S E X S O I T
P H K D L O N Z Y H T P F Q B O X A M V
G U U F X L M V Y F C N S U O G L Q D Y

34

Q	B	G	N	M	D	M	O	N	F	V	T	L	G	P	K	D	T	O	E
V	Q	C	P	P	D	P	O	L	D	Y	G	H	E	U	D	C	R	P	T
J	P	E	F	G	I	T	H	C	I	S	R	O	V	U	P	A	W	V	I
H	N	I	C	P	D	A	S	H	O	B	B	Y	H	M	N	V	E	N	E
K	L	D	E	U	O	K	K	T	B	N	I	N	L	G	F	L	T	U	W
L	D	L	V	O	Z	D	E	R	N	O	R	D	E	N	R	Y	U	J	H
D	U	N	B	N	R	E	H	C	A	R	P	S	E	I	D	M	T	J	C
E	M	U	Y	L	S	Q	V	U	T	G	D	E	R	S	T	E	I	N	I
R	Y	B	B	N	T	K	E	E	H	X	S	H	A	L	F	L	Z	S	E
H	R	H	A	J	S	A	D	G	I	A	C	P	X	D	X	H	U	A	R
I	H	W	F	T	G	U	J	J	T	S	Q	U	K	I	N	V	M	G	E
M	Y	K	H	G	G	E	G	X	I	T	M	O	N	E	Q	E	G	S	I
M	E	U	D	K	P	D	I	N	F	U	B	X	R	S	B	Y	T	T	D
E	R	O	F	A	P	N	A	K	L	G	Z	C	H	C	K	D	H	Ü	E
L	S	D	O	D	D	G	E	O	T	N	J	M	O	H	W	L	N	O	W
G	U	D	A	S	R	U	N	G	O	T	E	T	R	N	T	A	S	L	N
A	I	K	G	O	X	C	F	N	B	M	X	Z	F	E	I	B	O	V	E
P	N	V	S	T	N	E	D	N	I	B	R	E	V	C	I	R	Q	Y	C
B	T	F	R	C	J	A	I	S	G	M	G	B	U	K	M	C	D	J	E
E	W	V	V	I	I	X	Z	M	Y	K	J	Y	E	E	Q	V	D	I	E

35

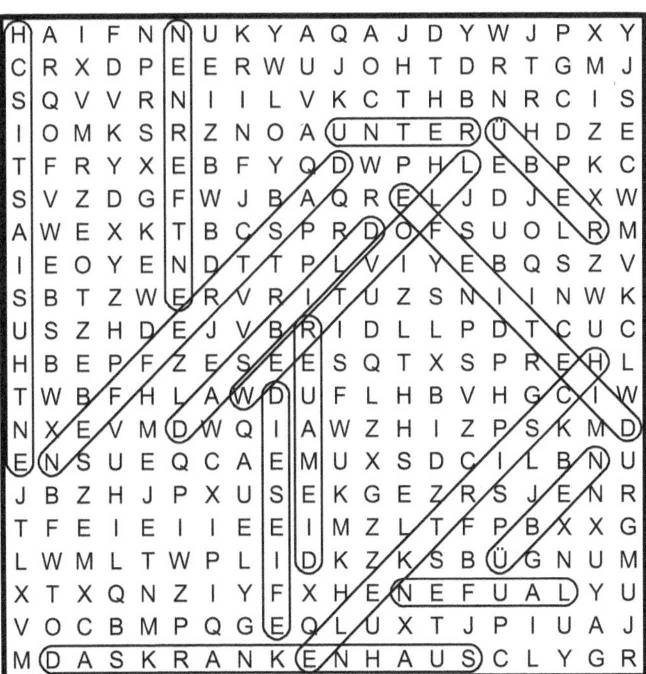

H	A	I	F	N	N	U	K	Y	A	Q	A	J	D	Y	W	J	P	X	Y
C	R	X	D	P	E	E	R	W	U	J	O	H	T	D	R	T	G	M	J
S	Q	V	V	R	N	I	I	L	V	K	C	T	H	B	N	R	C	I	S
I	O	M	K	S	R	Z	N	O	A	U	N	T	E	R	Ü	H	D	Z	E
T	F	R	Y	X	E	B	F	Y	Q	D	W	P	H	L	E	B	P	K	C
S	V	Z	D	G	F	W	J	B	A	Q	R	E	L	J	D	J	E	X	W
A	W	E	X	K	T	B	C	S	P	R	D	O	F	S	U	O	L	R	M
I	E	O	Y	E	N	D	T	T	P	L	V	I	Y	E	B	Q	S	Z	V
S	B	T	Z	W	E	R	V	R	I	T	U	Z	S	N	I	I	N	W	K
U	S	Z	H	D	E	J	V	B	R	I	D	L	L	P	D	T	C	U	C
H	B	E	P	F	Z	E	S	E	E	S	Q	T	X	S	P	R	E	H	L
T	W	B	F	H	L	A	W	D	U	F	L	H	B	V	H	G	C	I	W
N	X	E	V	M	D	W	Q	I	A	W	Z	H	I	Z	P	S	K	M	D
E	N	S	U	E	Q	C	A	E	M	U	X	S	D	C	I	L	B	N	U
J	B	Z	H	J	P	X	U	S	E	K	G	E	Z	R	S	J	E	N	R
T	F	E	I	E	I	I	E	E	I	M	Z	L	T	F	P	B	X	X	G
L	W	M	L	T	W	P	L	I	D	K	Z	K	S	B	Ü	G	N	U	M
X	T	X	Q	N	Z	I	Y	F	X	H	E	N	E	F	U	A	L	Y	U
V	O	C	B	M	P	Q	G	E	Q	L	U	X	T	J	P	I	U	A	J
M	D	A	S	K	R	A	N	K	E	N	H	A	U	S	C	L	Y	G	R

36

V C M W D A S G E S I C H T S J D J H H
F Y B E F R I E D I G E N D Z I V H B W
O H T B Z X V I R Y D L K B T A E L Y N
M V B D U Q N Q I T K E F E D D I I P N
N I U K H H L G H B M N R U O A T D E P
E E Y I E L I N K N V O N F R S S R R A
H D H R U N O T B J R M E P E V N I F N
V N M T G E X P K H I E E L V E P B J G
D E D P D T B J M L P J E Q L R T K K J
E G A O R L P X O B Y Y W V U B D T J Q
C L S J Q A N N C Z W U W V P R N G V F
C O G R L H W E U T I W N S S E G T P F
Q F E Z X T T X T F T I K U A C W M Y I
A P F C C N F Q X E A L N N D H B R E F
S L Ä F L E Y O X V R X N B G E F Q S P
D X N W N E G M X A R T B D L N X W U R
V Q G E W U V D W C I N D Y O M W C K E
E S N J S L Q E X D E R A R T I K E L D
K E I T D I H B R E S O X J F A A Y L N
Z P S I E R R E D R E D E D Z F Y J O N

37

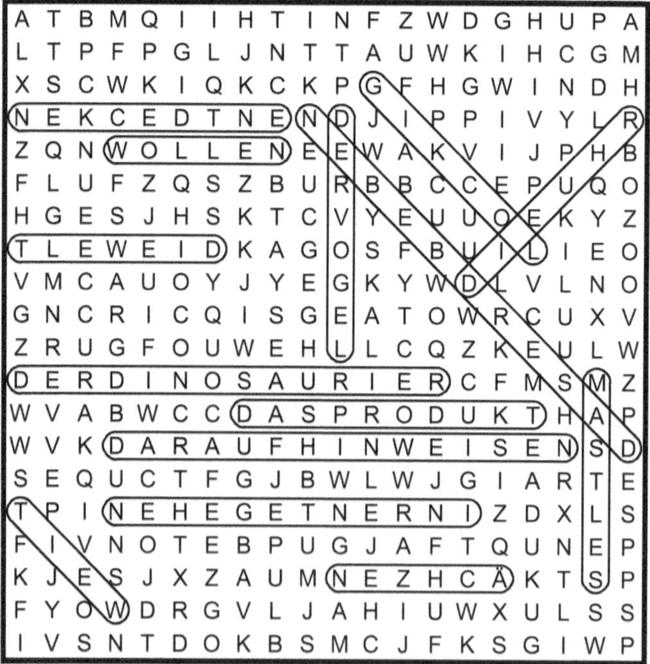

38

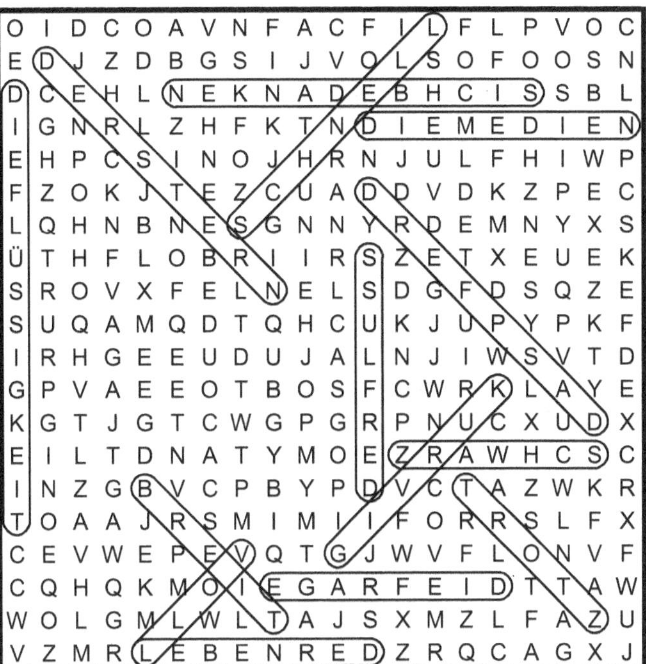

39

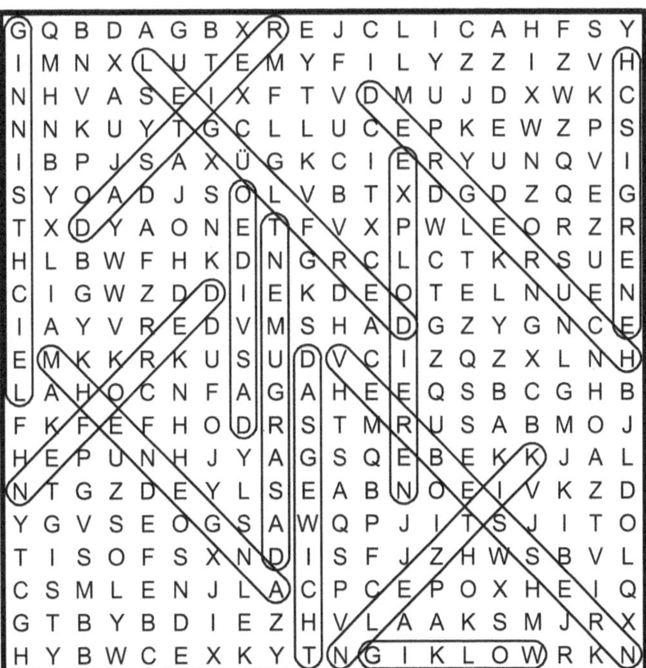

40

41

T	M	L	J	G	L	M	N	Q	D	Z	N	E	L	L	A	N	K	D	V
G	B	C	Q	A	I	Ä	L	J	H	Y	I	X	N	F	L	J	T	I	O
A	F	X	E	U	C	T	K	N	E	H	C	S	E	G	S	A	D	E	M
L	I	B	N	H	I	U	H	H	F	K	J	P	E	V	F	N	N	S	I
E	T	P	S	G	Y	B	J	C	H	B	N	Q	J	E	L	D	P	T	N
S	Y	T	T	C	O	E	F	Y	Ä	Q	L	E	H	F	E	C	Z	R	R
S	E	Q	B	U	K	I	J	V	M	M	X	D	Y	R	Y	J	Q	A	N
Ü	N	G	E	G	E	A	U	Y	G	D	P	Y	S	S	Z	M	M	T	E
L	T	H	C	I	D	E	G	S	A	D	B	C	X	S	G	E	Y	E	R
H	D	I	I	J	A	U	R	V	T	Q	H	T	S	R	B	N	X	G	E
C	M	W	J	Q	I	H	Q	V	X	L	C	M	B	Y	S	W	T	I	I
S	Q	E	T	U	N	P	C	Y	A	B	D	Q	H	U	Z	X	G	E	T
R	Y	B	U	L	T	B	Q	U	Z	N	W	Y	X	N	Z	N	O	F	N
E	H	J	G	I	N	S	C	D	C	S	H	R	X	E	E	E	C	G	E
D	G	L	O	Z	V	H	O	Q	V	L	J	S	J	U	C	R	K	Y	M
N	C	Q	U	N	K	O	I	L	S	F	A	X	R	G	F	Z	H	W	U
K	O	S	J	A	H	E	M	C	I	F	U	Q	L	Z	P	D	U	Ü	G
X	C	L	T	N	D	I	E	K	A	M	E	R	A	P	J	U	N	G	R
F	N	I	B	L	A	N	A	K	R	E	D	R	H	I	D	Z	A	J	A
Q	Z	S	F	X	X	S	Y	M	O	X	D	X	U	E	H	O	C	H	U

42

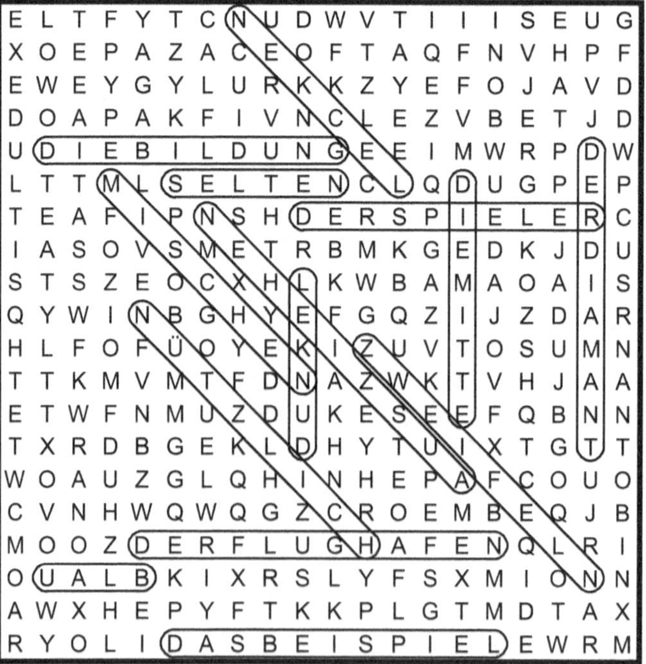

E	L	T	F	Y	T	C	N	U	D	W	V	T	I	I	I	S	E	U	G
X	O	E	P	A	Z	A	C	E	O	F	T	A	Q	F	N	V	H	P	F
E	W	E	Y	G	Y	L	U	R	K	K	Z	Y	E	F	O	J	A	V	D
D	O	A	P	A	K	F	I	V	N	C	L	E	Z	V	B	E	T	J	D
U	D	I	E	B	I	L	D	U	N	G	E	E	I	M	W	R	P	D	W
L	T	T	M	L	S	E	L	T	E	N	C	L	Q	D	U	G	P	E	P
T	E	A	F	I	P	N	S	H	D	E	R	S	P	I	E	L	E	R	C
I	A	S	O	V	S	M	E	T	R	B	M	K	G	E	D	K	J	D	U
S	T	S	Z	E	O	C	X	H	L	K	W	B	A	M	A	O	A	I	S
Q	Y	W	I	N	B	G	H	Y	E	F	G	Q	Z	I	J	Z	D	A	R
H	L	F	O	F	Ü	O	Y	E	K	I	Z	U	V	T	O	S	U	M	N
T	T	K	M	V	M	T	F	D	N	A	Z	W	K	T	V	H	J	A	A
E	T	W	F	N	M	U	Z	D	U	K	E	S	E	E	F	Q	B	N	N
T	X	R	D	B	G	E	K	L	D	H	Y	T	U	I	X	T	G	T	T
W	O	A	U	Z	G	L	Q	H	I	N	H	E	P	A	F	C	O	U	O
C	V	N	H	W	Q	W	Q	G	Z	C	R	O	E	M	B	E	Q	J	B
M	O	O	Z	D	E	R	F	L	U	G	H	A	F	E	N	Q	L	R	I
O	U	A	L	B	K	I	X	R	S	L	Y	F	S	X	M	I	O	N	N
A	W	X	H	E	P	Y	F	T	K	K	P	L	G	T	M	D	T	A	X
R	Y	O	L	I	D	A	S	B	E	I	S	P	I	E	L	E	W	R	M

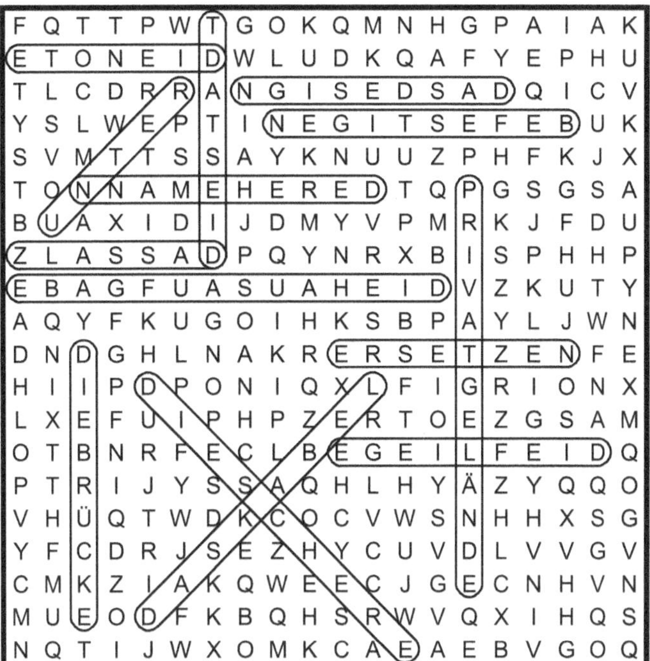

43

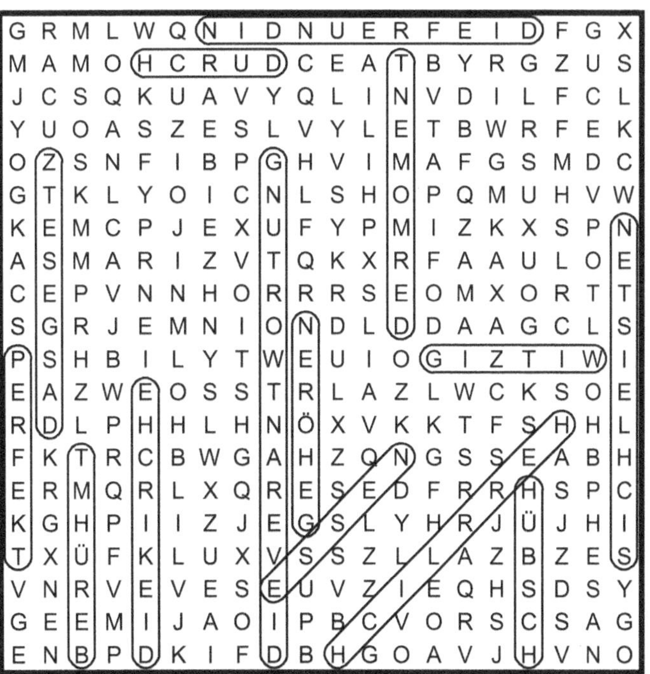

44

45

E	E	K	R	A	M	F	E	I	R	B	E	I	D	V	V	G	P	E	L
W	C	Y	V	T	X	E	F	O	D	P	Ö	F	F	N	E	N	F	I	G
K	H	J	B	E	B	Z	Q	K	A	X	U	D	Y	F	O	R	A	G	Z
A	N	S	P	R	U	C	H	S	V	O	L	L	D	L	G	M	O	O	N
Q	V	T	A	R	I	W	D	I	W	W	O	I	I	H	R	M	F	L	G
D	N	N	G	F	Z	A	R	J	Y	P	E	T	E	V	H	D	S	O	T
K	I	R	Z	E	K	Z	M	D	R	S	T	P	F	H	K	I	X	N	H
T	C	E	D	I	E	T	A	S	C	H	E	G	L	K	H	G	I	H	C
R	H	X	U	E	F	M	E	H	D	O	H	Z	A	M	I	Y	R	C	G
E	F	R	D	M	V	K	L	C	M	B	Y	X	G	B	C	R	G	E	Z
S	P	D	O	V	G	A	A	N	Y	Y	V	U	G	D	K	R	N	T	U
S	Y	K	V	D	N	E	W	U	E	Y	T	S	E	P	O	X	D	E	Y
E	Z	C	Z	G	I	I	B	R	B	N	V	O	O	ß	W	W	W	I	W
D	S	R	E	N	G	E	P	U	C	M	Z	R	A	N	Z	L	L	D	U
S	H	A	R	S	K	R	S	L	N	I	R	R	J	M	W	M	H	R	M
A	L	L	N	I	P	E	Y	T	Q	G	T	I	I	R	Q	N	O	N	S
D	A	O	Ü	F	D	E	K	O	R	I	E	R	E	N	W	Q	J	F	I
Z	Y	B	W	Y	T	Y	M	V	G	A	Z	Q	Q	W	F	F	V	L	C
L	E	T	M	W	D	G	G	I	T	E	ß	Z	H	D	Q	X	C	Z	G
R	Y	U	M	Z	R	U	V	W	O	C	V	E	K	D	Z	Q	I	M	S

46

U	H	J	K	G	O	H	Q	D	V	H	N	H	I	C	W	Q	N	E	K
T	N	D	I	E	P	O	S	I	T	I	O	N	W	J	F	Z	V	O	J
G	M	N	R	F	K	O	L	H	H	S	H	E	C	A	T	F	B	G	L
J	T	M	S	K	Q	C	H	I	C	G	C	B	O	R	Y	G	N	L	C
Q	J	Z	D	T	W	K	C	J	S	D	D	H	A	X	I	H	E	K	E
P	B	A	J	Z	P	D	X	A	I	C	G	G	I	P	W	F	A	R	K
F	S	V	E	R	R	Ü	C	K	T	R	E	O	B	M	F	Q	J	A	E
P	O	D	I	S	F	N	I	D	A	N	U	D	G	Ö	M	F	L	Q	X
U	X	G	H	W	J	Q	N	A	M	D	J	Z	L	D	B	L	N	U	X
P	T	H	H	S	R	U	A	R	O	X	K	R	S	Q	R	G	I	Z	J
P	M	X	G	S	H	E	T	S	T	O	E	A	E	E	C	I	E	G	I
L	X	C	G	R	R	W	T	M	U	D	G	E	G	B	W	Z	I	F	B
A	D	L	E	P	Q	D	Q	T	A	S	N	S	U	R	J	T	M	P	N
C	T	D	Q	I	T	J	A	Q	E	U	N	W	V	Z	J	O	O	M	U
U	W	E	P	M	U	P	E	I	D	W	N	E	M	H	Ä	Z	R	I	G
Z	C	N	A	L	K	F	T	R	E	W	S	N	E	B	E	I	L	J	Y
F	G	F	L	A	A	E	Q	S	G	J	S	A	O	T	L	Z	T	I	S
B	W	O	E	I	T	R	B	E	O	S	S	C	D	X	S	L	V	W	K
F	W	O	L	I	L	X	P	I	H	L	V	L	A	R	A	F	C	G	J
B	L	E	M	G	T	A	Q	T	X	O	V	D	M	N	K	Y	G	X	U

R V O B H Z P D A V T S K B E N V V K Q
B Q G M J V S Q T F G C P Z G S B H H H
K G F E R E Q S L G J C Y N I P J Z C K
B H Y T P F M O Z S A A A K H R Q M A X
J E R L X I Z A F M X H G N C I V X F D
P K T D A S H A A R R I H O S N G J N L
G J U R G U A V F O F B D L U G M N I V
U I X S E P V D V K Q Z Z V A E I C E D
O K L G B T P R N G K I C K L N M G A P
S L V L Z W E I D E U T I G F F X E O R
O E A G U D G N O N O M S J Y G Q M K O
R K G N U R A B N I E R E V E I D Q N S
Y N P V S T H H T D I N C F D H R N U Q
K I Z W A O M C C J G I L G Y B P R Q J
Q W A N L V I L S D G V Q M Y H I A D G
Y R Z B I U A X W Y O J K J W V T Q Y E
D E R R E G E N E H H T N J S A F C I C
N D L Y Z H J S I Y G R V A K P X L V O
B B R Z A P T S S A W A D U X I Q A Q W
B U N C V I F N E F Q S T B J Q E Y T P

47

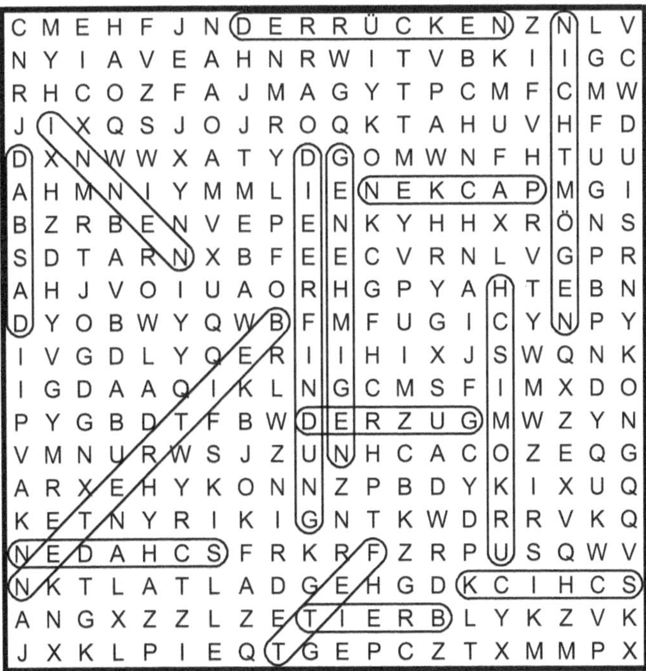

48

Q J U F E G L Y Z G E T P H S S K M J C
K J D S P U B L I I R X V T X O F O D V
S X F R C E I Z W C X E T S E W E I D V
D I E S U P P E C T F Ä H C S E G S A D
S S T T A U L D X Q I O C E R I W N K V
G E I L D L A H T P B R Q T V B B K C E
M T E V F S R G A V A Z K S T L M V G Q
A C H Y K E Z K G Z N U M I K I K F H D
N K R L U E Y T Y M F T S S N C J O X E
J U E M K W U F X O F Z V L T H W F U R
P I H W Y L Y L B N I Q Y B E R Y F U M
D E C W M L W P R I O D Z F B I Ö J E U
I L I L L Y I N J Q V A Z D E E H M D N
E C S Y N N E R E I H A R T B U S E E D
B O E X M O Z E G Z I I I Q Z F G T N N
L I I J H Z J B G N U N I E M E I D F J
A T D G T Y C F L Z D J V D I E S O D A
S O M W Q X O N Y W O L U Q P C R R X F
E H K E K R Ä T S T U A L E I D F G V M
S B O J X G Y D S T W S T F O M Y X O L

49

L B U S I U X Y P J E F G O J H U Q G B
B Q U W N E T S E B M A A A N A U O T U
Q O D S Q A H R D L O H Q T A N R M M J
G M Q O B E X Z E L L E N T F L V D X N
H F B K M K T H S N E R E I R A P E R X
Y Z N Y U K I T G E M F H C G P Y W T P
H B G T I E X G V I X U E S K I E W Y L
A K X Y A X S X I R U T A E R K E I D P
L C O W Z Z D Ä V A Y N D I Z V M O P W
J P N N Ü D L X K M S N C G M K G D S P
B G M Z M O B H D R Z A E G N C L Y Z M
W Z R Z O B U L V C E A I T L I Q V B D
K S G K G L I E T S A D M K R X R U H V
W Z J E F C Z U B D A B U D D O H R R H
V O R S T E L L E N S N X L U W W R E F
N F V E R L A U B E N A R E V V R T S D
O K Y T H Z S W I E U I U D O Q H R N H
F W V W N E S S A L S O L B P U J G R A
R E N F Y J B X S R V M V K E A N S A N
X Z V R R E M M U N E I D Y F R V S P P

50

X B H I C W W L R Q C L J Y B P P G Y V
S Q J E S L L L Q J H A Y G K N C E F G
J T N E H C O N K R E D I V A R Y M Q K
R W P S M F A G E Q S N L F Z N V K N R
S N P D Y B B P Q V T O V I G Y Q B M A
Z E P A D V I N J J A V Y I J E A E I P
F H D S O J S J S R N L A S G J W O C R
Z C V F G N N Z S Y T M D E Q V D O V E
C S E O U H E R B G D O T V K I R D E I
W Ä R T E T S H R Ü T E I D W W C K D T
G W R O Z I N T O M S Z D A S O B S T R
I R A M G E I K X N M C X T R C Q I P E
F E T H U H R Y Q C G C H R S V V B U D
G T I J L D G F G J J E F M X C L B I K
Y N G Y F N D E R S A M E N U P U R G F
Z U E Z S I R Q B U F J Y B T T L H F Q
R E I L A K R A B Q S M T O I X Z X Y W
C I D T D E G N U T H C I R N I P I I R
A D J R W I X P S C W K B S B E J B G M
X Z W H V D P D P T B P J E Z T L G K X

51

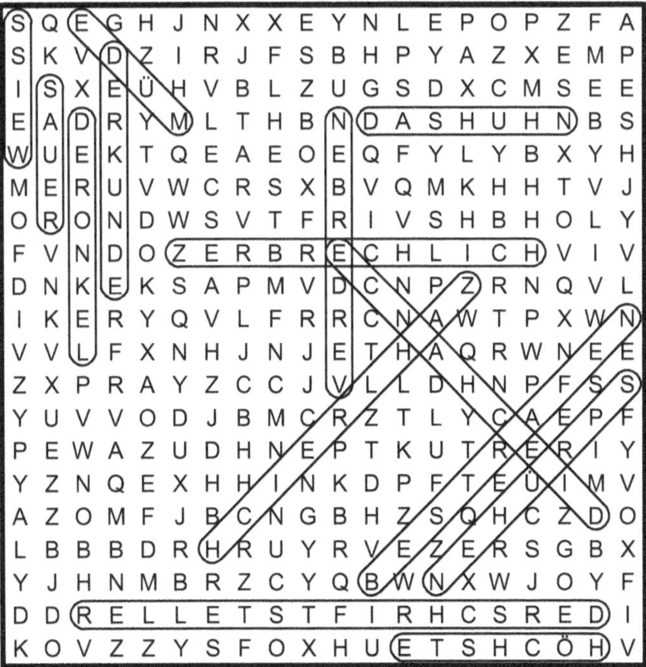

52

M	U	A	R	R	E	D	A	X	O	F	Z	D	R	R	H	P	Z	U	Q
Z	S	L	R	N	E	G	Ü	R	T	E	B	D	P	C	F	Y	U	X	B
L	L	L	Q	O	I	G	C	D	Y	X	Y	L	I	J	C	M	K	S	J
K	G	E	T	K	J	D	R	U	N	W	Z	V	M	E	Y	L	X	C	Q
T	G	I	D	F	Z	T	S	I	H	W	P	T	L	V	H	T	N	Z	I
T	N	Z	I	R	L	J	Q	A	R	F	L	I	A	P	S	Ö	T	M	M
G	E	E	E	O	L	E	I	L	I	M	A	F	E	I	D	B	H	J	U
Z	H	P	R	I	O	J	S	M	P	N	T	R	S	T	A	I	B	L	O
R	C	S	A	O	V	S	R	T	S	F	W	U	J	O	J	S	K	E	E
D	I	N	T	N	S	P	L	I	X	G	T	F	J	J	Y	V	H	F	X
Z	E	D	T	Z	K	O	E	S	Ü	M	E	G	S	A	D	V	C	H	I
O	Z	H	E	R	C	X	A	H	V	B	R	E	K	O	A	S	S	Z	V
O	B	C	N	O	U	E	K	R	Q	U	R	X	U	T	J	C	I	W	S
I	A	S	C	Y	R	P	R	M	P	Ü	R	D	Z	S	A	R	F	C	N
F	S	I	X	Y	D	U	D	N	E	W	B	X	A	O	D	X	R	H	C
E	A	R	O	P	N	T	C	I	D	F	M	E	W	S	M	M	E	Z	U
I	D	R	X	O	I	M	K	G	C	K	A	S	R	P	E	D	D	P	Z
G	B	Ü	A	J	E	L	U	X	H	Z	N	C	V	F	Z	I	A	T	K
E	A	M	L	B	L	H	W	V	E	E	F	S	B	K	D	Q	R	U	G
K	P	H	J	T	G	Q	B	B	M	Y	W	O	I	Q	V	N	X	C	Y

53

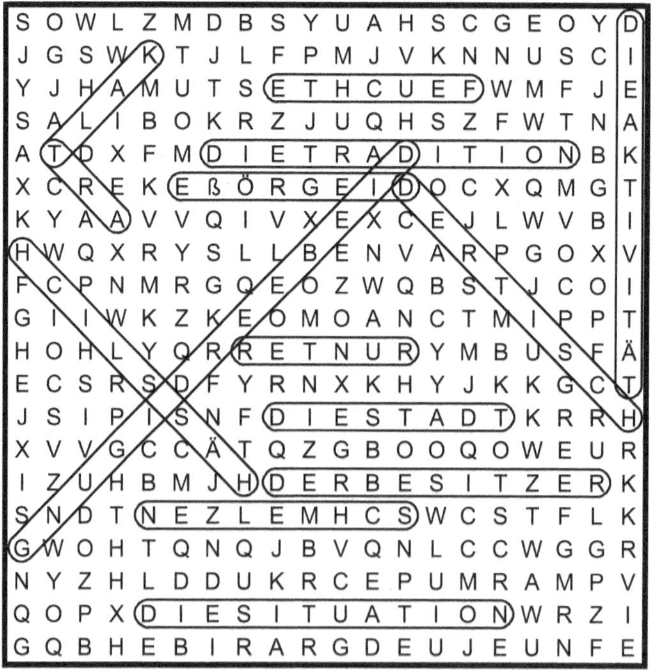

S	O	W	L	Z	M	D	B	S	Y	U	A	H	S	C	G	E	O	Y	D
J	G	S	W	K	T	J	L	F	P	M	J	V	K	N	N	U	S	C	I
Y	J	H	A	M	U	T	S	E	T	H	C	U	E	F	W	M	F	J	E
S	A	L	I	B	O	K	R	Z	J	U	Q	H	S	Z	F	W	T	N	A
A	T	D	X	F	M	D	I	E	T	R	A	D	I	T	I	O	N	B	K
X	C	R	E	K	E	ß	Ö	R	G	E	I	D	O	C	X	Q	M	G	T
K	Y	A	A	V	V	Q	I	V	X	E	X	C	E	J	L	W	V	B	I
H	W	Q	X	R	Y	S	L	L	B	E	N	V	A	R	P	G	O	X	V
F	C	P	N	M	R	G	Q	E	O	Z	W	Q	B	S	T	J	C	O	I
G	I	I	W	K	Z	K	E	O	M	O	A	N	C	T	M	I	P	P	T
H	O	H	L	Y	Q	R	R	E	T	N	U	R	Y	M	B	U	S	F	Ä
E	C	S	R	S	D	F	Y	R	N	X	K	H	Y	J	K	K	G	C	T
J	S	I	P	I	S	N	F	D	I	E	S	T	A	D	T	K	R	R	H
X	V	V	G	C	C	Ä	T	Q	Z	G	B	O	O	Q	O	W	E	U	R
I	Z	U	H	B	M	J	H	D	E	R	B	E	S	I	T	Z	E	R	K
S	N	D	T	N	E	Z	L	E	M	H	C	S	W	C	S	T	F	L	K
G	W	O	H	T	Q	N	Q	J	B	V	Q	N	L	C	C	W	G	G	R
N	Y	Z	H	L	D	D	U	K	R	C	E	P	U	M	R	A	M	P	V
Q	O	P	X	D	I	E	S	I	T	U	A	T	I	O	N	W	R	Z	I
G	Q	B	H	E	B	I	R	A	R	G	D	E	U	J	E	U	N	F	E

54

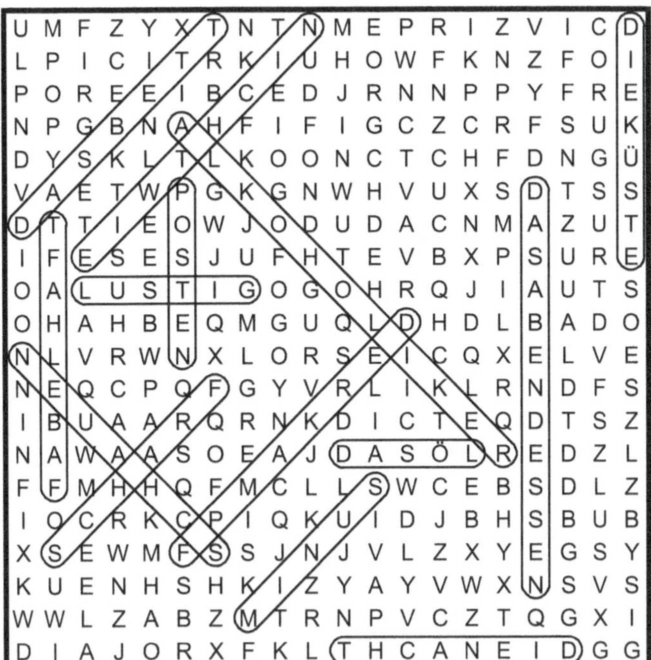

55

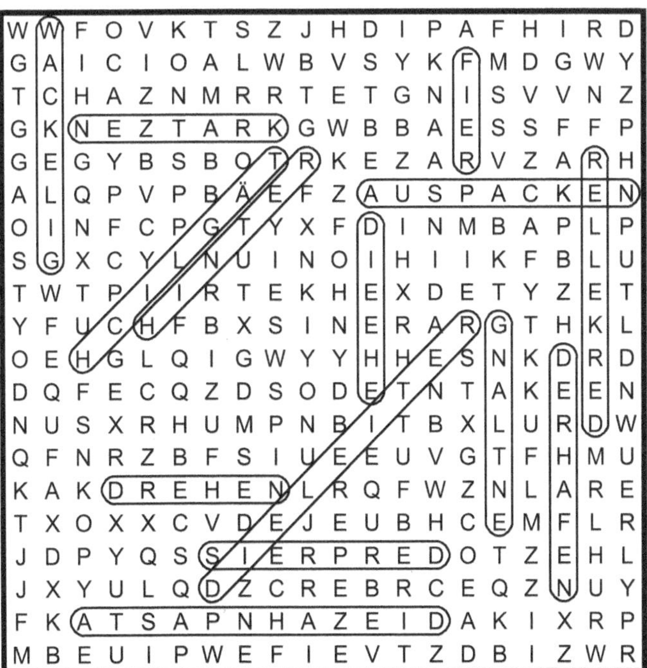

56

57

Y D N N P P F D E X W V E Q K F E T J V

R P K Z I H D A W B C W F W L B W F O U

I A H J O I R S Q A G D S L V G B I G J

T D B C D H S V D B T C N C P W J R Y C

V G B G W P B I N P H P D E T R N H E O

H R P K Ü K J E Q E O C A H C P A C P D

R S N D B F K R D Y I T S G C N K S P R

H G S G X C R T Z M O E D N W M L T U K

X N Z A Ü H R E E I X P R J U N U I R X

M U S R A W A L V S B E E H P W V E G I

A D D C W X U F D E N T I N C K R Z E A

D I F X I T U J Y S Y V E G E S E E I X

I E Y B V L T O Y M E Z C H E I D I D Q

A L T A W Y M C U W J F K C F S Q D N O

S K K C H D D V M I S S B I L L I G E N

X E Y X Z N B L U A Z I J Q A S W U E K

L I N E R E I R T N E Z N O K O T V D P

I D H O U D G H Y P C P G B F F O B E I

C D E R F E H L S C H L A G N R H F N P

J D B I P W G L D G U C I I A T H O K O

58

B G J Z R D O P W O I E K O K V M M T G

B U H I R Y A U I K H B Y K P Y W X O B

G I T O N B O D C K Q C Y O S X C Z E W

E M T U N H S H D I H C I L N N Ä M U L

T L N U E M D L R K U P U F D D D P J D

S T Z Z T U O S S P A B E Q E L D T U D

R O V R R T J T S T T N M R A I T S N V

Ü B R N O H N F W E S E W T N L R U M A

B D K I W A K X I W U I Q L V H E E K E

N A C J T P A V Q T N A A M E R E P T Z

H C P J N D F R S D C H W I F K E U N T

A H D Q A R G N U D N I B R E V E I D A

Z L E F W E Q R T D D I E H Ö H E N Y K

E O R F E B G Z U H L D V Q J E N N D E

I S F R B G N U T H C I R E I D Z H N I

D B A X L P N Z E G Y U W N J P P H P D

V G H U I H L I M J C A F Y J H R W L D

Y F R L S T F I T S R E D X V F V D K Z

X N E R H Ü F F U A Y F A Y N Z W T T Y

K D R K L T N A N D H Y H F O Q T L X Z

O	D	A	S	H	A	U	S	N	R	L	R	A	G	W	F	N	Q	X	O
X	O	D	H	W	D	P	Q	W	F	P	N	P	N	L	H	E	H	C	M
C	X	V	N	Y	Y	Y	Y	C	N	J	Z	E	I	E	M	R	M	N	E
L	I	A	A	K	H	E	W	J	N	I	U	E	T	G	H	F	C	Q	P
H	N	G	O	C	X	M	E	D	S	Z	H	I	J	I	D	Ü	F	O	D
D	W	E	V	Z	D	Q	D	R	Y	E	N	Y	M	N	E	Z	L	J	I
V	A	L	Q	Y	J	H	A	U	N	A	Q	N	Y	M	Q	R	Q	G	V
E	I	S	T	J	S	S	S	H	E	N	V	E	T	N	H	J	H	C	E
R	Z	G	L	H	D	C	L	A	I	S	A	D	G	L	L	J	N	C	F
D	Z	T	Z	Ä	X	R	I	E	Q	O	G	A	M	E	R	S	G	S	S
I	S	Z	K	D	C	M	E	S	S	E	N	L	P	D	N	S	N	Q	A
E	I	L	E	N	P	H	D	P	G	B	G	N	B	N	I	E	U	C	F
N	T	I	H	A	S	Z	E	I	F	T	P	I	G	A	N	O	R	Q	Z
E	O	Y	E	G	H	L	C	L	P	D	L	E	U	H	I	E	H	R	D
N	V	X	O	W	G	U	O	S	N	I	Y	E	U	E	G	F	Ä	Y	M
K	O	K	M	Q	E	R	Z	D	M	N	J	P	Z	B	O	M	W	J	O
P	T	K	E	E	S	T	U	X	V	P	B	Z	O	S	U	G	E	Z	S
R	H	O	I	U	B	C	C	D	N	G	B	N	D	B	A	M	I	H	X
S	S	C	A	B	Q	G	P	Y	R	W	V	B	I	B	W	D	D	I	T
K	P	J	C	C	U	Y	Q	T	O	C	X	W	Z	M	W	S	C	V	R

59

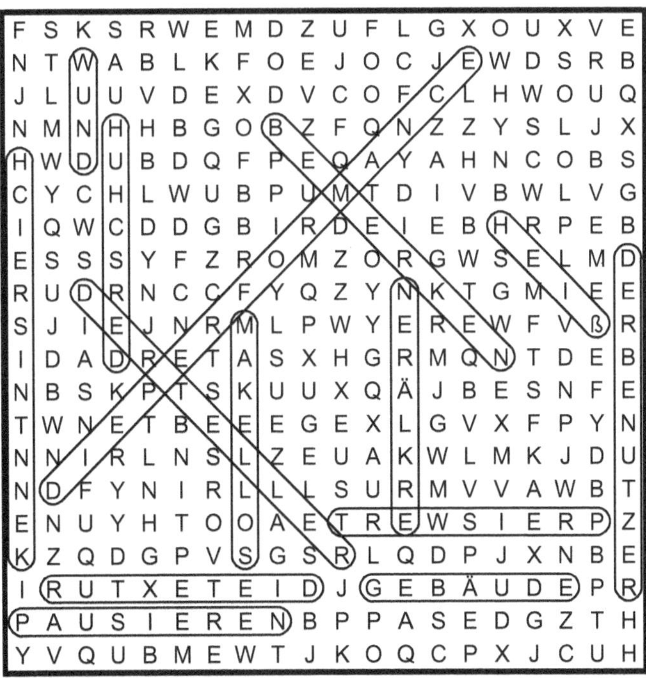

F	S	K	S	R	W	E	M	D	Z	U	F	L	G	X	O	U	X	V	E
N	T	W	A	B	L	K	F	O	E	J	O	C	J	E	W	D	S	R	B
J	L	U	U	V	D	E	X	D	V	C	O	F	C	L	H	W	O	U	Q
N	M	N	H	H	B	G	O	B	Z	F	Q	N	Z	Z	Y	S	L	J	X
H	W	D	U	B	D	Q	F	P	E	Q	A	Y	A	H	N	C	O	B	S
C	Y	C	H	L	W	U	B	P	U	M	T	D	I	V	B	W	L	V	G
I	Q	W	C	D	D	G	B	I	R	D	E	I	E	B	H	R	P	E	B
E	S	S	S	Y	F	Z	R	O	M	Z	O	R	G	W	S	E	L	M	D
R	U	D	R	N	C	C	F	Y	Q	Z	Y	N	K	T	G	M	I	E	E
S	J	I	E	J	N	R	M	L	P	W	Y	E	R	E	W	F	V	ß	R
I	D	A	D	R	E	T	A	S	X	H	G	R	M	Q	N	T	D	E	B
N	B	S	K	P	T	S	K	U	U	X	Q	Ä	J	B	E	S	N	F	E
T	W	N	E	T	B	E	E	E	G	E	X	L	G	V	X	F	P	Y	N
N	N	I	R	L	N	S	L	Z	E	U	A	K	W	L	M	K	J	D	U
N	D	F	Y	N	I	R	L	L	L	S	U	R	M	V	V	A	W	B	T
E	N	U	Y	H	T	O	O	A	E	T	R	E	W	S	I	E	R	P	Z
K	Z	Q	D	G	P	V	S	G	S	R	L	Q	D	P	J	X	N	B	E
I	R	U	T	X	E	T	E	I	D	J	G	E	B	Ä	U	D	E	P	R
P	A	U	S	I	E	R	E	N	B	P	P	A	S	E	D	G	Z	T	H
Y	V	Q	U	B	M	E	W	T	J	K	O	Q	C	P	X	J	C	U	H

60

61

X U C F D G A C A K F N W U U N Z W K N
J I T V I Y I M A K D S E Y M M Ü O E M
F Z K I E I N V O M Z J W P A Q T R G X
D I Z R R X M D E O M O W F E L O Y G Q
A X Q E E G H T U Z X J P R Z A V I E F
M T L T L Q Q V T U W S W B Q M M X K Q
R Z O T I T A X A O T O Z T I E O F I F
X D G U G K Z L H A A E M E L H R Q V Y
C E S B I H I L Q H H S M K L T U T M Y
M R C E O N J S C K T I D C I S T Y B P
W S D I N L D J F Z H E P I E A V E N M
Z T M D A E X I Y R R U B T X D N P R N
X U D B M H R Q E G Q L P S D X W U E M
M D V I A C M K E N B N X A S P L G V F
H E T J L Ä A W V E A W E D T D A F N P
Ü N B M V L I L Y K R D K H T J C P L X
B T W S W N S K F B V V E U N D D M X U
S R E X N C O A B B V Q J L X O O X R X
C P I E V W U O A U ß E R H A L B P E L
H Y R K M C A D E R E R F O L G Z H E D

62

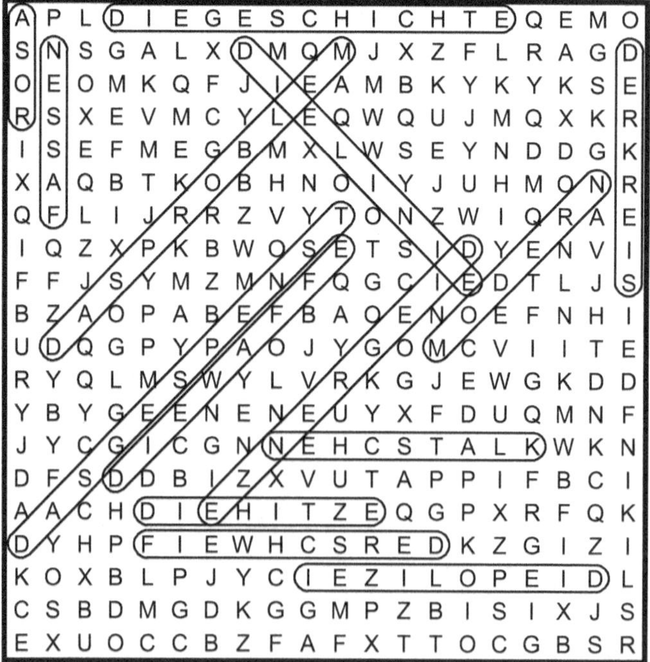

R	C	D	E	Q	D	I	E	H	E	I	L	U	N	G	W	R	I	B	D
D	Q	Z	A	Y	C	B	M	Z	Q	H	I	Y	N	J	Z	N	K	O	I
B	Y	X	Z	E	V	Y	K	N	A	Z	B	Q	Z	T	O	A	E	I	E
U	U	D	N	A	Q	W	D	E	R	W	E	T	T	B	E	W	E	R	B
D	V	M	U	N	D	G	E	R	E	C	H	T	T	M	S	R	G	L	L
E	O	I	K	J	U	Z	K	M	N	Z	R	S	O	O	S	R	E	S	U
R	T	I	I	E	Q	X	M	S	A	W	N	P	D	J	B	Z	L	Z	M
K	D	G	X	S	Ü	S	S	L	D	U	K	D	K	E	G	E	P	L	E
Ü	V	E	N	L	I	C	U	F	K	B	A	K	H	X	P	V	B	I	A
H	Y	I	R	I	A	W	L	E	R	H	D	W	Q	Q	U	T	R	Y	K
L	P	A	A	K	W	S	I	W	W	Ü	Y	J	Z	R	C	W	E	B	C
S	H	E	Y	Y	L	D	I	V	X	M	H	Y	A	G	K	L	W	I	J
C	J	D	S	I	B	A	N	G	L	Ü	C	K	L	I	C	H	M	V	J
H	Z	U	O	L	I	A	N	A	G	B	K	K	Q	O	C	X	O	G	O
R	A	H	R	S	S	D	O	G	K	Y	C	X	G	K	B	F	E	M	R
A	O	N	I	S	Q	R	R	S	Z	Y	R	O	R	R	W	N	X	L	P
N	W	Z	Y	Z	F	Q	T	A	C	I	X	S	A	N	K	G	A	F	L
K	L	Q	E	X	K	F	J	M	K	L	R	F	Q	X	P	S	B	I	R
H	P	C	R	R	A	I	B	M	F	K	N	M	O	X	K	U	Z	T	N
R	E	R	H	Ü	F	S	T	F	Ä	H	C	S	E	G	R	E	D	A	I

63

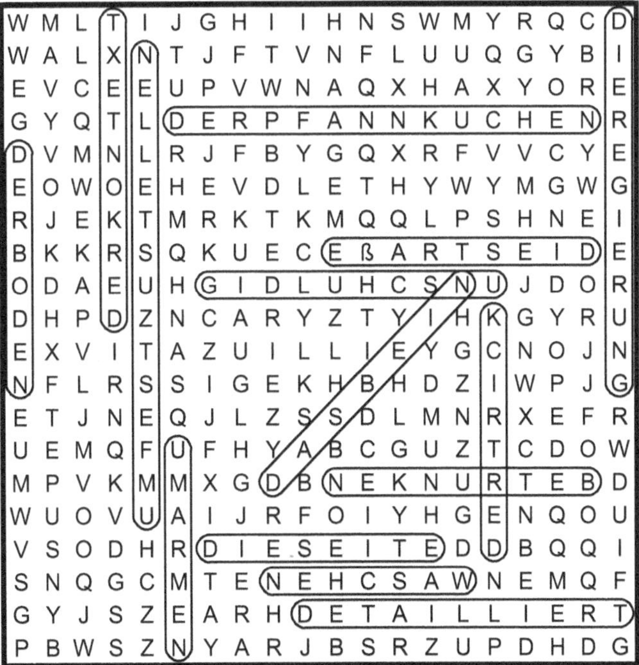

W	M	L	T	I	J	G	H	I	I	H	N	S	W	M	Y	R	Q	C	D
W	A	L	X	N	T	J	F	T	V	N	F	L	U	U	Q	G	Y	B	I
E	V	C	E	E	U	P	V	W	N	A	Q	X	H	A	X	Y	O	R	E
G	Y	Q	T	L	D	E	R	P	F	A	N	N	K	U	C	H	E	N	R
D	V	M	N	L	R	J	F	B	Y	G	Q	X	R	F	V	V	C	Y	E
E	O	W	O	E	H	E	V	D	L	E	T	H	Y	W	Y	M	G	W	G
R	J	E	K	T	M	R	K	T	K	M	Q	Q	L	P	S	H	N	E	I
B	K	K	R	S	Q	K	U	E	C	E	ß	A	R	T	S	E	I	D	E
O	D	A	E	U	H	G	I	D	L	U	H	C	S	N	U	J	D	O	R
D	H	P	D	Z	N	C	A	R	Y	Z	T	Y	I	H	K	G	Y	R	U
E	X	V	I	T	A	Z	U	I	L	L	I	E	Y	G	C	N	O	J	N
N	F	L	R	S	S	I	G	E	K	H	B	H	D	Z	I	W	P	J	G
E	T	J	N	E	Q	J	L	Z	S	S	D	L	M	N	R	X	E	F	R
U	E	M	Q	F	U	F	H	Y	A	B	C	G	U	Z	T	C	D	O	W
M	P	V	K	M	M	X	G	D	B	N	E	K	N	U	R	T	E	B	D
W	U	O	V	U	A	I	J	R	F	O	I	Y	H	G	E	N	Q	O	U
V	S	O	D	H	R	D	I	E	S	E	I	T	E	D	D	B	Q	Q	I
S	N	Q	G	C	M	T	E	N	E	H	C	S	A	W	N	E	M	Q	F
G	Y	J	S	Z	E	A	R	H	D	E	T	A	I	L	L	I	E	R	T
P	B	W	S	Z	N	Y	A	R	J	B	S	R	Z	U	P	D	H	D	G

64

Z C Y K A I F M T E D E L Q N W W A A L
S I B X E H J J L W B D D J N V Z N Q S
C D A D I E L Ö S U N G A U A B J E M B
H I B E V V D M B R F K S O M A G G D D
A E S R Y S G J A Y P D W T R U Y N D D
O S A U E P Q W M F C D O H E D D I Z E
T T D N W P R I I S T F R P M L T W M R
I E S T C X Q R B R H U T W M L N Z E S
S U B E G T P S W D X J J K I O S N Q T
C E P R P R W W G G W L N U Z I H I R A
H R Y S D E K J W E M P Q O R C O N H N
N R G C R I G K S S D W J M E L C U I D
M R C H W T E M X U M D P R D D J P K O
M B B I W C M P N N T Q R E T R I A Y R
N Q P E O R O O R D O E X T N O P L O T
H Q S D S F N B J Ü D J U C M E P G U H
S C H W I M M E N U F Y Y N T F U S D V
H N E J S I R Q R G K U P E A G Q Y V W
V U P D H K P F H W G K N F X K U A H J
W W P U C F D J T Q V V S G R G Z P M C

65

P G X Y H N O T Z V R L S I W Z S T F A
D P B Q W X P G J U K B Y G N G Z N P V
L X O K F R O A Q Z A N E G E P T O O I
T R E U E F S A D R T D W J S H G W T W
Q F D Z R F R G E C S N R G S E U T R Z
K G N Q F K B G D E N U M U A I W T E M
D A W K I U U E Q I P R R P L G O Q D E
B U P Q M L M A E M Q G Q O N R H H Y J
P P X G Ä D J D C K Y R M A E E C Ö Q D
O E C R K A L O H G P E O S L N S L T K
X N Y S N I I D Y Z U D U P L E I Z D C
L V F G C C Z E V O C N C H A E N E Z A
M J U H H R X R N B G Z Q P F I I R D S
K N U Y X E V S T W C T Z O Z D Z N K R
R G Z O K N T C D I E K Ö N I G I N S E
U Y Y F G A W H N W G U A M Y J D W W D
D T N H I Y D N A T R Y M M X H E S F H
Q E L Y T A Z E F X C B A N A L M G E M
P W N D W L Y E X X B D L J S D Y A V Y
L Q U T V U X W X G G I F R Z M H H D H

66

I R D A E C U H L H C F K X T U Q P H B
D K K O J A U X A G K L H M T E T T C E
E R A G I N E W F O N D B N A H E E S S
R O J K M B K X G M E M R M S P W H I C
L J E F Z K D H J R H Y W J S D C C T H
A A H H Z Y E F M T A M Z W U Q I S K R
S D A D U D B A W T R A H O L Z Q A A E
T W P F H G N N S Y I E P R H F Q T R I
W S P N N T E F G R R C N R C M J E P B
A V O J E C N V Z X V M S L S U Q I K E
G P Z L U Y M K O I B D A M R K N D O N
E W N E R S K J Z C S H M H E D L Y W E
N P Y Z O E P T O I C O M D V L E F H J
I U G H P N S W Z S Z X D S ß X S A Z Z
W I P F D U L S R G I I Q H I M H D O O
Q Y K Y L G D E E E G V T I E F C Y B M
M L I F R E D S V M U E T F R T E G Y P
I Z W J D S Y R Q Q S Q Q E R W W E N R
R S L A H R E D N L K A Q R E X V K K D
I V B F N F D P Y S O Q D P D E T E E T

67

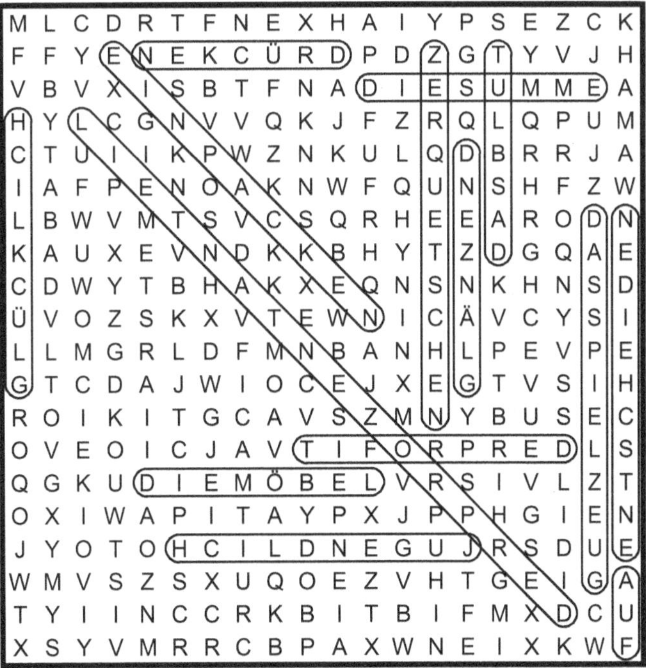

M L C D R T F N E X H A I Y P S E Z C K
F F Y E N E K C Ü R D P D Z G T Y V J H
V B V X I S B T F N A D I E S U M M E A
H Y L C G N V V Q K J F Z R Q L Q P U M
C T U I I K P W Z N K U L Q D B R R J A
I A F P E N O A K N W F Q U N S H F Z W
L B W V M T S V C S Q R H E E A R O D N
K A U X E V N D K K B H Y T Z D G Q A E
C D W Y T B H A K X E Q N S N K H N S D
Ü V O Z S K X V T E W N I C Ä V C Y S I
L L M G R L D F M N B A N H L P E V P E
G T C D A J W I O C E J X E G T V S I H
R O I K I T G C A V S Z M N Y B U S E C
O V E O I C J A V T I F O R P R E D L S
Q G K U D I E M Ö B E L V R S I V L Z T
O X I W A P I T A Y P X J P P H G I E N
J Y O T O H C I L D N E G U J R S D U E
W M V S Z S X U Q O E Z V H T G E I G A
T Y I I N C C R K B I T B I F M X D C U
X S Y V M R R C B P A X W N E I X K W F

68

X I E B D T G K D E V C S D W M B K Q M
X B H Q Q X Q Q T J B L N A S V L A T C
G V C O Q G K W S S C L E S F N F U Z D
D E S D D J F T X X S P A F T E B V J I
G I A T C S E X U F L B X E J H I T K E
P H L L V E R B A N N E N R V C Q D N G
O H F Z R Q Y V X T N L F N X R H P E E
F V E R F I N D E N S R M S Z A W F L S
U U I M L A H H O R T S R E D N G D E U
B A D Q B B P B O D E K C H N H G N G N
Z O I I A C X P O Y K U Q E T C P N D D
J O W R E N U T Z L O S M N R S E Z N H
B D C G J Q T U J W L A R H W M G K A E
G W T N W V U S E L T S A M M B G I H I
Q Z V T G P M A N Z A J H U O L M L S T
C M H D F M X C L X F D S N J E L E A Y
T S A G R E D T D I Z I U J C I L M D U
K M U U V Q V I W T T K H T A B F H N R
K J S P S O Z F Z O X Ä A K H E V K I P
Y F A S J D T N P R V N T W Z N Q P J R

69

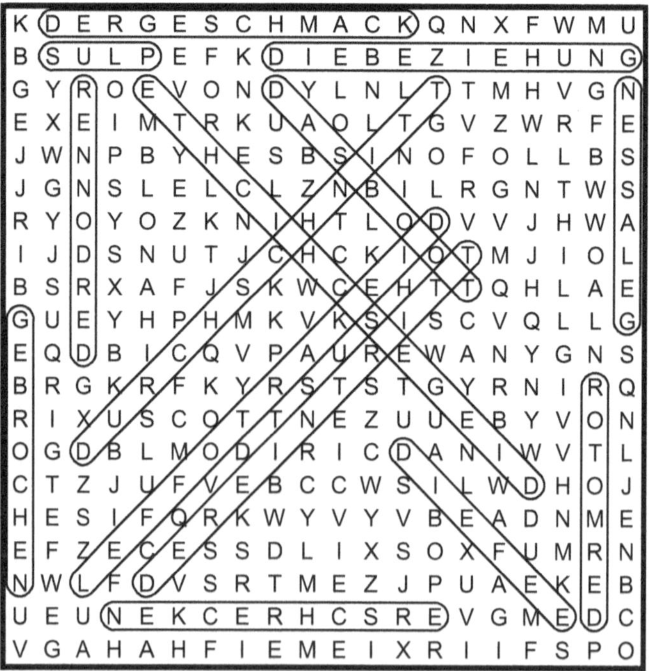

70

ALTRO DALLO DIALOG ABROAD

www.ingramcontent.com/pod-product-compliance
Lightning Source LLC
LaVergne TN
LVHW091551170726
843492LV00007B/2131

* 9 7 8 3 9 8 5 5 2 2 7 4 3 *